함께
읽고, 토론하며,
글 쓰는 독서
동아리

함께
읽고, 토론하며,
글 쓰는 독서
동아리

초판 1쇄 인쇄 2015년 9월 23일
초판 3쇄 발행 2018년 5월 15일

지은이 조현행

펴낸곳 도서출판 이비컴
펴낸이 강기원

표 지 김수미
편 집 김광택
마케팅 박선왜, 원보국
일러스트 송진욱

주   소 서울 동대문구 천호대로81길 23 201호
대표전화 (02)2254-0658 팩스 (02)2254-0634
전자우편 bookbee@bnaver.com

등록번호 제6-0596호(2002.4.9)
ISBN 987-89-6245-118-4 03370

ⓒ조현행, 2015

이 도서의 국립중앙도서관 출판예정도서목록(CIP)은 서지정보유통지원시스템 홈페이지(http://seoji.nl.go.kr)와
국가자료공동목록시스템(http://www.nl.go.kr/kolisnet)에서 이용하실 수 있습니다.(CIP제어번호: CIP2015025708)」

함께
읽고, 토론하며,
글 쓰는 독서
동아리

조현행 지음

이비락樂

독서의 세 가지 즐거움

　독서는 세 가지 즐거움을 준다고 합니다. 먼저 '앎의 즐거움'입니다. 책 속에는 상상할 수 있는 이상의 '지식'이 담겨 있습니다. 평생을 다 읽어도 경험할 수 없는 지식들이라는 것이 아쉬울 뿐이죠. 그런 아쉬움에도 불구하고 책을 통해 세상 일부분의 지식이라도 알게 된다는 것은 우리에게 커다란 즐거움을 줍니다. 두 번째는 '깨달음의 즐거움'입니다. 책에는 다양한 삶과 인식이 담겨 있습니다. 이런 다양한 삶과 인식을 접하는 동안 독자는 자연스럽게 자신의 삶과 비교하게 됩니다. 이 과정에서 독자는 경험해 보지 못했던 인생을 이해하게 됩니다. '산다는 것'을 깨닫게 되는 것이지요. 세 번째는 '느낌의 즐거움'입니다. 독서는 글을 매개로 한 글쓴이와의 만남입니다. 이런 만남을 통한 양자의 '공감과 감동'은 독서 행위의 결과라고 할 수 있습니다. 독자가 저자의 생각과 느낌에 공감하고 거기서 감동을 느낄 수 있다면 훌륭한 독서를 수행한 것이지요. 아마도 저자는 그런 작품을 썼다는 것에 큰 기쁨을 느낄 겁니다. 이런 공감과 감동이 바로 느낌의 즐거움입니다.

　위의 세 가지 즐거움을 통하여 독자는 부수적으로 '성취의 즐거움'도 얻게 됩니다. 책 읽기를 해냈다는 성취감 말입니다. 이 모든 즐거움은 결과적으로 혼자만이 간직하게 되는 즐거움입니다. 왜냐하면 사람마다 느끼는 즐거움이 서로 다를 테니까요. 독서의 매력은 여기에 있습니다. 사람마다 이해하는 방식과 내용이 다르고 그에 따라 책을 읽으면서 느끼는 즐거움도 제각각이기 때문입니다. 따라서 독서의 과정에서는 여럿이 읽는 것이 좋습니다. 서로의 생각과 느낌을 공유하며 내가 미처 느끼지 못했던 맛을 접할 수 있기도 하고, 내 생각과 느낌을 표현하면서 내 생각이 정교화될 수 있기도 합니다.

저자는 여럿이 함께 읽는 독서 활동에 대해 끊임없이 연구하고 실천해 온 독서전문가입니다. 그 실천적 노하우가 이렇게 책으로 나오게 되니 매우 기쁩니다. 독서는 책 읽기로만 끝나지 않습니다. 책을 읽고 난 이후가 더 중요합니다. 책을 읽기만 하면 그 내용이 머릿속에 남아 있기가 쉽지 않습니다. 읽고 난 이후에 다른 사람들과 소통을 하게 되면 책을 통해 느꼈던 즐거움들이 비교적 오랫동안 지속됩니다. 그리고 소통의 결과를 바탕으로 글을 쓴다면 조직적이지 못했던 생각들을 조직적으로 정리해 줍니다. 그러므로 읽고, 토론하며, 글을 쓰는 활동은 각각 별개의 언어 사용이 아니라 하나의 총체적인 활동입니다. 이 책을 통해 '〈읽고〉-〈이야기하고〉-〈쓰기〉'에 기반한 독서동아리 활동의 구체적인 전략을 접하게 될 겁니다.

이 책에서 우리는 저자의 독서에 대한 애정을 확인할 수 있으며, 이 책은 그런 애정 표현의 시작입니다. 저자가 독서에 대한 애정 표현을 어디까지 하게 될지 무척 궁금합니다. 저자의 독서에 대한 연구와 실천적 해석이 계속해서 기대되는 이유입니다. 이 책을 추천하고 있는 제가 왠지 부끄러워집니다.

2015. 09 박정진

가톨릭대학교 독서학과 학과장(한국독서학회 총무분과위원장)

성장하는 책 읽기란
무엇인가

사는 게 참 팍팍합니다. 밤낮으로 열심히 일하지만 고단한 삶은 좀처럼 나아질 기미가 없습니다. 이를 방증하듯 우리 나라 사람들의 '삶의 만족도'는 OECD 국가 중에서 최하위권을 차지한다고 합니다. 이는 전쟁으로 고통 받는 나라의 순위보다도 낮고 심지어 점점 더 낮아진다고 하니 우리 나라 사람들이 얼마나 외롭고 힘든 삶을 이어가고 있는지 짐작 할 수 있습니다.

우연일지 몰라도 '삶의 만족도'와 '독서율'은 비례합니다. 책을 많이 읽기로 알려진 스웨덴 같은 북유럽에 위치한 나라의 국민들이 느끼는 '삶의 만족도'는 높은 것으로 나타났습니다. 우리나라는 어떨까요? 2015년 문화체육관광부의 조사에 따르면 성인 중 1년간 책을 단 한 권도 읽지 않는 사람이 28.4%에 달한다는 보고가 나왔습니다. 이에 질세라 우리나라 청소년 독서율도 OECD 국가 중 가장 낮다는 조사 결과도 속속 나옵니다. 즉 책을 읽지 않는 국민들이 느끼는 행복도 또한 낮다는 의미입니다.

그렇다면 왜 책을 읽지 않을까요? 우리 나라 사람들은 예로부터 학문을 중시하고, 책을 읽으면서 인격을 도야하는 것을 최고의 가치로 여기던 민족입니다. 고려시대 국자감을 비롯하여 조선시대 성균관까지 나라를 이끌어 가는 기본 지침도 책에서 얻었습니다. 그런데 지금은 사는 게 바빠서 일까요? 책을 읽고, 깊이 있는 대화를 나누고자 하는 사람들을 좀처럼 만나기 어렵습니다.

저는 사람들이 책을 읽지 않는 이유는 크게 두 가지라고 생각합니다. 첫째는, '미래에 대한 불안' 때문입니다. 학업, 취업, 결혼, 노후에 대한 불안이 사람들을 휘감고 있습니다. 우리는 학교에서나 직장에서나 살아남아 남기 위해, 남보다 뛰어난 성취를 이루기위해 앞만 보고 쉼없이 달리지만, 뒤처지고 있는 것 같아 불안하기만 합니다. 한가롭게 책이나 읽고 있을 마음에 여유는 당연히 없습니다. 더 힘든 것은 그렇게 열심히 공부하고 일하지만 미래에 대한 불안은 해소되지 않는다는 점입니다.

우리는 평생 열심히 살아갑니다. 요즘은 초등학생부터 어르신까지 바쁘지 않은 사람이 없습니다. 초등학교 때는 좋은 중학교에 가기위해, 중학교 때는 명문대 합격률이 높은 고등학교에 가기 위해, 고등학교에 가서는 일류대학에 가기 위해 잠을 줄여가면서 열심히 공부를 합니다. 남들이 알아주는 대학에 진학했다고 경쟁의 레일에서 내려올 수 있는것은 아닙니다. 취업의 관문을 통과하기 위해 우리는 낙타가 바늘구멍으로 들어가는 것 만큼이나 힘든 경쟁을 이

겨냅니다. 직장에 취직해서는 승진, 연봉 경쟁이 기다리고 있습니다. 퇴직 후에도 여유를 가질 틈은 없습니다. '생계를 위해' 계속해서 일을 해야하는 형편이기 때문입니다. 자신의 삶을 돌아보고, 행복한 삶의 토대를 마련하기 위한 독서는 멀기만 합니다.

둘째는, 이제 현대인의 필수품이 되어버린 스마트폰 때문입니다. 사고의 집적물인 기술의 발전이 도리어 인간의 생각하는 힘을 빼앗아가고 있는 아이러니한 시대에 우리는 살고 있습니다. 지하철을 타면 사람들의 모습이 비슷하다는 것에 놀라곤 합니다. 거의 모든 사람들이 잠을 자거나 스마트폰을 합니다. 개중에는 영어 시험책이나 취직시험과 관련된 공부를 하는 모습도 눈에 띕니다. 사람들은 스마트폰에서 제공하는 TV, 영화, 게임, 메신저, 페이스북, 메일 등에 온 신경을 집중하느라 스스로 생각할 수 있는 기회를 놓치고 있습니다. 우리는 주체적인 생각을 하지 못하면 어제와 같은 삶, 매일 똑같은 삶을 살 수 밖에 없을 것입니다.

책을 읽는 다는 것은 바로 이렇게 기계에게 빼앗긴 '생각'을 되찾는 일입니다. 또한 독서는 맹목적으로 질주하는 경쟁의 레일에서 멈춰서서 생각하게 합니다. 무턱대고 앞만 보고 달리는 게 아니라, 자신이 왜 전력 질주를 하는지를 따져 묻고 그 해답을 찾기 위해 고민하는 과정인 것입니다. 독서는 단순히 읽는다는 것만으로도 자신의 행동을 돌아보게 하는 놀라운 힘이 있습니다. 그럼으로써 우리는 하루하루의 삶을 보다 의미있는 삶으로 변화시킬 수 있습니다.

독서는 '뇌 속에 새로운 생각'을 채워 넣는 행위입니다. 생각하는 방법을 배우는 길이기도 합니다. 이는 주체적인 삶으로의 시작이며 자신만의 정원을 가꾸는 일이기도 합니다. 독서가 행복한 삶을 완전히 보장할 수는 없지만, 책을 읽으면 지금보다는 '좀 더 나은 삶'을 살아갈 힘을 얻을 수 있지 않을까 생각합니다.

그런데 막상 굳은 결심으로 책을 집어들지만 끝까지 읽어내기는 쉽지 않습니다. 처음 부분만 반복해서 읽다가 포기한 책들이 쌓여감을 볼 때, "나는 책과는 친하지 않은가 봐"라고 체념하고 맙니다. 하지만 한 권의 책을 함께 읽고 나누는 독서의 장이 마련된다면 어떨까요? 함께하는 독서는 혼자 하는 독서와 차원이 다른 시너지 효과를 이끌어 냅니다. 과연 "내가 읽는 것이 맞는 건가?"라는 의문을 떨쳐 버리고, 혼자 읽는 고독감을 넘어 다른 사람의 생각을 듣고 공감하는 소통의 장에서 우리는 성장할 수 있습니다. 함께 읽고 나누다 보면 세상을 바라보는 관점과 인식의 지평이 넓어질 것입니다.

이 책은 함께 책을 읽기 위해 필요한 '모든 것'을 안내합니다. 도서관이나 학교, 직장에서 '독서동아리'를 만들고 유지하는 방법부터, 분야별 독서법으로 한 권의 책을 제대로 읽는 방법을 제시하고, 책을 읽고 난 후의 느낌과 생각을 정리하는 글쓰기까지 '독서동아리'를 통한 활동에 실제적인 도움이 될 것입니다.

이제, 시작합시다!! 함께!!

2015년 9월
수리산 자락에서
조현행

왜 읽는가?

〈독서동아리〉 참여 전,
책은 어떻게 읽어야 하나요?

3장 〈독서동아리〉에서는 무엇을 하나요?

4장 〈독서동아리〉 참여 후에는 무엇을 하나요?

풍성한 결실을 맺을 단 하나의 독자만 얻는다 해도,
이 씨앗을 받아들여 자기 안에 지닐
단 하나의 영혼만 얻는다 해도 나는 만족할 것이다.

|

헤르만 헤세

함께

1장

왜 읽는가?

이 세상은 당신이 생각하는 것보다 훨씬 광범위한데,
그러한 세상은 책을 읽은 사람에 의해서 움직이고 있다.

|

볼테르

과연 책이
사람을 변화시키는가

독서율이 낮다고 하지만, 그래도 책을 '읽는 사람들'은 분명히 존재합니다. 또 저는 책과 관련된 활동을 펼치다 보니 '책에 관심이 있는 사람'부터 '책에 빠져 있는 독서광'까지 다양한 사람들을 만나는데요. 그 중에서 저는 소위 '책 좀 읽는다'라는 사람들이 어떤 책을 읽는지에 관심이 많습니다. 그래서 '독서현장'에 가게 되면 사람들이 읽는 책을 살펴보곤 합니다.

'책을 좋아하는' 사람들이 읽는 책의 분야를 살펴보니 '자기계발서'가 큰 비중을 차지했습니다. 정말 많은 사람들이 나이와 상관없이 자기계발서를 읽고 있습니다. 직장인은 물론 기업의 CEO, 주부, 대학생, 초등학생까지 손에서 자기계발서를 놓지 못하고 있는 실정입니다. 가히 '자기계발서 열풍'입니다. 지인 중에는 수 년동안 자기계발서를 읽고 따라하려고 노력하는 사람도 있습니다. '책'이 주는 지침을 따라 열심히 살고 있는 분들입니다.

하지만 그들에게 "자기계발서의 저자처럼 변화된 삶을 살고 있는가?"라는 질문을 던진다면 어떤 답이 돌아올까요? 아마도 긍정적인 대답을 기대하기는 어려울 듯합니다. 저는 자기계발서를 열심히 읽고 실천하려고 노력하는 지인에게 "그렇게 열심히 읽고 노력했는데, 그래서 당신의 인생이 조금이라도 바뀐점이 있느냐?"라고 물어 보았습니다. 돌아오는 답변은 퉁명스러운 원망뿐이었습니다. 결코 바뀌지 않았다는 것이지요.

그 이유는 뭘까요? 자기계발서류의 책들은 어떤 '정답을 제시'합니다. "이렇게 하면, 성공할 수 있다.", "저렇게 하면, 목적을 이룰 수 있다."라는 것인데요. 그 '정답'은 그 책을 쓴 저자가 경험한 세계입니다. 문제는 '한 사람이 경험한 세계가 다른 사람에게 적용했을 때 같은 결과를 가져 오지 않는다'라는 데에 있습니다. 그런데 마치 '나도 이렇게 성공했으니, 당신도 하면 좋은 결과를 얻을거야'라는 이상한 논리가 성립되고 사람들은 그대로 따라한다는 것입니다. 이미 알고 있듯이, 인간은 굉장히 복잡하고 오묘한 존재입니다. 일찍이 철학자들은 인간을 두고 작은 우주라고 표현했습니다. 우주는 온 세계의 삼라만상을 다 포함하고 있습니다. 우주에서 일어나는 온갖 현상이 인간이라는 한 존재에서 이루어진다는 말입니다.

　그래서 한 사람의 인생은 한 권의 책으로 쉽게 바뀌기 어렵습니다. '정답'을 제시한다고 해서 정답 대로 되지 않는 이유가 여기에 있습니다. 인간은 저마다 다른 개성을 지닌 소우주이기 때문에 지식을 받아들이고, 정신으로 구축하고, 행동으로 발현하는 과정과 시기가 모두 다릅니다. 『자기계발의 덫』을 쓴 미국의 사회학자이자 문화비평가인 미키 맥기 교수는 책에서 자기계발 열풍의 허와 실을 낱낱이 폭로합니다. 저자는 "자기계발서는 독자들을 불안한 존재로, 미, 건강, 부, 취업, 애정, 혹은 특정 분야의 기술적 지식 등 어떤 근본적 요소가 결여된 존재로 정의하면서 자신을 해결사로 자처합니다. 그 결과 전염병처럼 확산된 결점에 의존해 자기계발 산업이 번창하고 영속적으로 재생산 된다."라고 지적합니다.

그렇다고 무조건 자기계발서는 읽으면 안 된다는 주장을 펼치려고 하는 것은 아닙니다. '자기계발서'를 읽고 하면 된다라는 용기를 얻고, 삶의 활력을 찾았다는 사람도 많으니까요. 중요한 것은 '나'라는 주체적 존재로서 어떤 책을 어떻게 읽고 내 삶에서 실천할 수 것인가. 진정한 의미에서의 독서, 즉 삶으로 구현되는 독서를 말하려고 합니다.

　계속해서 책을 열심히 읽는 또 한 부류가 있습니다. 바로 소설을 중점적으로 읽는 독서광들입니다. 도서관을 중심으로 이루어지는 '독서모임'이 주로 소설을 읽고 이야기를 나누는 경우가 많습니다. 이 분들은 자기계발서 독자들보다 사유의 폭이 넓고 깊습니다. 자기계발서와는 달리 문학은 어떤 정답을 제시하지 않기 때문에 책에 담긴 의미와 메시지에 대해 나름의 의미를 구축하며 읽습니다. 책에서 등장인물이 왜 그런 행동을 했는가에 대해 저자는 말을 해주지 않습니다. 문학은 은유와 상징으로 그 의미를 나타내기 때문에 독자는 상상력으로 책 속의 의미를 해석하면서 읽어야 합니다. 그런데 문학을 읽는 독서광들은 오로지 '문학'에만 몰두하고 다른 책은 경시하는 경향이 있습니다. 물론 다 그런 것은 아니지만 한 분야에 빠진 독서광들은 혼자만의 세계에 빠져있는 경우를 흔히 볼 수 있습니다. 자신과 다른 의견을 잘 인정하지 않고, '모른다'고 치부해 버리는 경우입니다. 그래서 다른 사람들하고 생각을 나누고 소통을 하는 데 어려움을 겪는 경우가 많습니다.

이렇게 독서가들을 만나면 제가 스스로에게 던지는 질문이 있습니다. 자기계발서 독자군이든지, 문학독서광이든지 "과연 책이 사람을 변화시키는가. 제 아무리 많은 책을 읽는다고 해도 그것이 인간적인 성숙으로 이어지는가."라는 것입니다. 우리가 왜 책을 읽어야 하는지에 대한 보다 근본적인 질문을 갖게 된 것입니다. 위에 예시한 '자기계발서'독자군과 '문학독서광'들은 책을 읽고 자신의 생각과 행동에 어떤 변화가 생겼을까요?

『변신』을 쓴 카프카는 "책은 우리의 생각을 깨는 도끼같은 역할을 해야 한다."라고 했습니다. 그는 한 권의 책을 읽고 난 후, 나의 생각과 행동이 책을 읽기 전의 나의 생각과 행동에 아무런 영향을 미치지 못한다면, "그 책은 갖다가 버려라"라고 단호하게 말합니다. 바로 삶으로 구현되는 독서의 중요성을 강조하고 있는 것입니다. 한 권의 책을 읽었으면 읽는 데서 그치는 것이 아니라 내 삶 속에서 생각과 행동으로 나와야하지 않을까요? '좋은 책'을 읽으면 우리의 사고방식과 행동양식도 더 바람직한 방향으로 바뀌어야 하지 않을까요? 바로 독서의 궁극적인 목적은 '자신의 변화' 입니다. 훌륭한 독자는 책을 읽으면 읽을수록 성장하고 발전하면서 풍요로운 삶을 살아갈 수 있습니다. 책을 통해 '자신'을 알고, '타인'을 이해하고, '세계'를 인식하며 자신만의 가치관을 만들어가게 됩니다.

자, 그럼 지금부터 '삶으로 구현되는 독서란 무엇인지' 그 여정을 떠나 봅시다.

마음으로 책을 읽어야 한다. 백성을 진정으로 사랑하는 마음,
백성을 발전시키고 잘 살게 해 주는 마음으로 읽어야 한다.
나만 잘 먹고 잘 살겠다는 마음으로 책을 읽으면 아무런 의미가 없다.

|

다산 정약용

책에 대한 강박

미국의 소설가 마크 트웨인은 "고전은 누구나 알고 있지만 아무도 읽지 않은 책이다."라며 인류 정신의 보고라는 고전을 대하는 현대인들의 태도를 꼬집었습니다. 이는 고전의 제목은 알고 있지만 그 작품 자체를 끝까지 읽어내는 독자는 많지 않다는 의미입니다. 이는 '독서 강박'이 있는 한국인에게 하는 이야기로도 들립니다. 독서를 신성시하는 우리나라 사람들은 '독서량이 적다'는 것을 부끄럽게 여기고 책을 많이 읽은 사람들을 존경의 대상으로 바라보는 경향이 있습니다.

그렇다면 다음의 주장은 어떤가요? 독서가 신성시되는 사회에서 책을 읽지 않거나, 대충 읽어버리는 것이 눈총의 대상이 될 수 없으며 경우에 따라 "심지어 어떤 책에 대해 정확하게 말하기 위해서는 그 책을 통독하지 않거나 아예 펼쳐보지도 않는 편이 바람직할 수도 있다." 이는 프랑스 파리8대학 교수이자 정신분석학자인 피에르 바야르 교수의 말입니다. 그는 문학을 가르치는 자신 또한 강의에 등장하는 대부분의 책을 읽지 않았다는 충격적인(?) 고백을 합니다.

피에르 바야르는 우선 "독서는 비독서"라고 말합니다. 삶을 온통 독서에 바치는 대단한 독서가라 할지라도 이 세상 모든 책을 읽기는 불가능하기 때문이지요. 오히려 책을 읽지 않는 것은 책에 대한 총체적인 시각을 가질 수 있게 해준다고 설명하는데요. "총체적 시각이란 전체 속에서 길을 잃지 않을 줄 안다는 것으로 그것들이 하나의 앙상블을 이루고 있다는 것을 알고 각각의 다른 요소들과의 관계 속에 놓을 수 있다는 것"이라고 강조합니다.

'책을 잘 읽기 위해서 책을 읽지 말아라(?)'라는 모순으로 들리시나요? 피에르 바야르 교수가 궁극적으로 말하려고 하는 것은 바로 '창조적 독서'입니다. 단순히 '비독서'를 말하는 것이 아닙니다. 이는 책의 내용을 그대로 받아들이는 수동적인 독서에서 벗어나 스스로 책의 의미를 창조하는 독서를 강조한 것입니다.

교양인이 갖추어야 할 학식은 특정의 어떤 책이 아니라 책과 책들 사이의 소통과 연결선들을 인식하는 것입니다. 피에르 바야르 교수가 말하는 독서가는 한 권의 책이 다른 책들과의 관계 속에서 어떤 상황에 위치해 있는가를 파악하기 위해 스스로 책 읽기를 자제하는 적극적인 사람입니다. 그래서 비독서가들이 교양인인 경우라면, 그것은 독서의 부재가 아니라고 말합니다. 맹목적인 독서가 가져올 수 있는 병폐를 경계하고, 책과 책의 관계를 파악하며 나아가 책과 세상을 연결하고 그로써 큰 시야를 가지라는 의미입니다. 그러기 위해서는 책을 읽지 않는다는 것을 창피해하지 말고, 책을 신성한 대상으로 생각할 필요도 없으며, 책에 대한 자신의 생각을 말하는 것이 창조적 독서의 시작이라고 말합니다.

> 이런 저런 책을 읽지 않았다는 건 교양인에게 별로 중요하지 않다. 왜냐하면 비록 그가 그 책의 내용을 정확히 모른다고 하더라도, 종종 그 책의 상황, 즉 그 책이 다른 책들과 관계 맺는 방식을 알 수 있기 때문이다. 어떤 책의 내용과 그 책이 처한 상황의 이러한 구분은 중요하다. 왜냐하면 교양을 두려워하지 않는 사람들이 어떤 주제에 대해서든 별 어려움 없이 말할 수 있는 것은 그것 덕택이기 때문이다. -『읽지 않는 책에 대해 말하는 법』, 피에르 바야르, 여름언덕, 2008 -

『수상록』을 쓴 몽테뉴는 읽은 책은 물론이고 자신이 쓴 책에 대해서도 잊어버리는 건망증을 가졌습니다. 그는 기억하기 위해 책의 말미에 읽은 날짜와 책에 대한 개략적인 내용과 소감을 적었다고 합니다. 몽테뉴는 읽었다는 사실조차 잊어버리는 책은 읽은 것인가? 읽지 않은 것인가? 라는 의문을 가졌습니다.

피에르 바야르와 몽테뉴의 전언은 '책을 읽지 않은 것, 읽은 책에 대해서 말하지 못하는 것'에 대한 부끄러움으로부터 벗어나게 해 줍니다. '읽는다'는 행위 자체가 중요한 것이 아니라 '어떻게 읽는가', 즉 정신의 성장을 돕고, 나와 세상을 연결하는 독서가 중요함을 의미합니다. 그러기 위해서는 많은 책을 단숨에 읽기보다는 천천히 음미하면서 읽어야 합니다. 느리게 읽다 보면 빨리 읽었을 때 지나쳐 버린 보석을 발견할 수 있습니다.

사회학자 정수복은 그의 저서 『책에 대해 던지는 7가지 질문』에서 다음과 같은 독서법을 말하고 있는데 이를 한번쯤 고려해보는 것도 좋을 것 같습니다.

인간은 육체적으로는 성장하다가 멈추나 정신은 계속 자랄 수 있다. 정신적으로 성장할 수 있는 자양분은 독서에서 온다. 관심 분야를 넓게 가지고 여러 분야의 책을 교차해서 읽는 것, 나는 그것을 맥락의 독서라고 부른다. 중국 관련 책을 읽었다고 하면, 중국 역사, 철학, 중국 사람이 쓴 책도 읽고, 중국 경제와 국제 관계 등을 읽는 것이다. 하나하나 뚝뚝 떨어져서 천 권을 읽느니 관련 있는 책들을 읽으면 자기만의 이야기를 만들 수 있다. 한 작가의 책을 읽는 것도 좋다.

"책은 각자 존재에서 벗어날 수 있게 해 주거나 그게 아니면

존재를 견딜 방법을 가르쳐 주어야 한다."

새뮤얼 존슨

책과 삶은 하나다

성석제의 소설 『투명인간』에는 죽도록 일만 하다가 투명인간이 되어버리는 만수가 나옵니다. 하루 대부분의 시간을 노동에 바쳐도 만수의 삶은 나아질 기미조차 없습니다. 연탄가스를 마셔 바보가 되어 버린 누나를 보살펴야 하고, 동생이 낳은 아이를 데려다가 자신의 아들로 키우는 것도 만수의 몫입니다. 아내도 몸이 아파 정상적인 생활을 할 수 없기에 돌봐 줘야 합니다. 만수의 삶은 고난 그자체입니다. 아무리 열심히 일한다 한들, 형편이 조금도 나아지지 않고 또 앞으로 좋아지리라는 희망도 없습니다. 성석제는 '작가의 말'에서 "소설은 위안을 줄 수 없다"고 딱 잘라 말합니다. 냉정한 작가의 말이 참으로 쌀쌀맞게 느껴집니다. 그런데 곰곰이 생각해 보면, "소설은 위안을 줄 수 없다" 작가의 서늘한 말에 고개를 끄덕일 수밖에 없습니다. 그만큼 우리가 발 딛고 살아가는 현실이 쓸쓸하고 고달프기 때문입니다. 아니, 사람들은 소설보다 더 참담한 현실을 살아가고 있는지도 모릅니다.

성석제의 말처럼, 글은 현실이 아닙니다. 문장은 우리에게 아무것도 할 수 없습니다. 한 권의 책을 읽는다고 밥이 생기는 것도, 하늘에서 떡이 떨어지는 것도 아닙니다. 하지만 소설은 우리가 현실을 바라보는 시선에 대한 변화를 이끌어 낼 수 있습니다. 바로 그런 이유로 저는 책을 옹호하고 싶습니다. 책은 '열심히 노력하면 나중에는 잘 살 수 있다'라는 맹목적인 희망을 깨뜨립니다. 그동안 우리나라 사람들은 참으로 열심히 살았습니다. 한국전쟁 후 65년 동안 세계에서 유례없는 깜짝 놀랄만한 경제성장을 이루어냈습니다. 그 시절에는 최선을 다해 노력하면 먹고 살만한 기반이 만들어졌습니다. 영화 〈국제시장〉의 덕수처럼 평생을 고생하니 노후에는 알박이 상가에서 임대료도 나오고, 집도 한 채 소유하게 되었고, 자식들은 장성하여 각자 살길을 찾아갔습니다. '열심히 일하면 잘 살 수 있다'라는 공식이 성립되는 시절이었습니다.

그렇지만 야속하게도 지금의 현실은 어떤가요? 열심히 일하면 행복한 노후를 기대할 수 있나요? 안타깝게도 핑크빛 미래를 상상하기는 어렵습니다. 신자유주의 자본주의의 쓰나미가 우리의 삶을 덮치고 있기 때문입니다. 아무리 열심히 일해도 가난을 벗어나기 어렵습니다. 한 달 월급으로 한 달을 먹고 살면 손에 쥐어지는 건 몇 푼되지 않습니다. 집이라도 살라치면 월급만으로는 불가능하고 결국은 빚을 내서 사야합니다. 실패가 용인되지 않는 사회에서 사람들은 쉽게 좌절하고 실의를 겪고 살아갑니다. 결국은 빚더미에 앉아 체념한 채 하루하루를 무의미하게 살아가는 사람들이 점점 늘어나고 있습니다. '자살 공화국'이라는 말도 이제 낯설지 않습니다. 우리는 분노와 불안과 우울증에 빠져 살지만 그래도 '열심히 살면 다 잘 될 거야'라는 한 가닥 희망을 붙들고 살아갑니다.

성석제는 『투명인간』을 통해 한국의 베이비부머 세대 이야기를 하고 싶었다고 합니다. 전후 '산업역군'으로 평생을 열심히 일했지만 퇴직할 나이가 되어 보니, 행복한 노후는커녕 남은 건 달랑 '집' 밖에 없는 '빈털터리 현실'을 드러냅니다. '부모를 봉양하는 마지막 세대이자, 자식의 부양을 받지 못하는 최초의 세대'라 불리는 베이비부머 세대의 인생 항해는 순조롭지 못합니다.

그래서일까요? '힐링'이라는 키워드가 한국사회를 휩쓸고 있습니다. 가는 곳 마다 볼거리, 먹을거리가 넘쳐납니다. 오감을 자극하는 힐링문화가 대세를 이루다 보니, 누가 더 큰 자극으로 사람들이 잠시라도 고통을 잊고 행복을 느끼게 할 것이냐에 모든 문화산업이 발생하고 소멸하며 재생산 되는 양상입니다. '현실에서 쉽게 희망을 찾기 어렵다면 기분이라도 좋게 유지하자'라는 식의 생각은 사람들을 욕망이라는 전차에 태워 끝을 알 수 없는 질주를 하게 합니다. 우리는 돈이 없으면 위로받지 못하고, 치유받기 어려운 시절을 힘겹게 살아가고 있습니다.

성석제는 현실을 직시하라고 말합니다. '봐라! 우리가 사는 세상은 이렇게 힘들다'라며 '맹목적인 희망'이나 환상에서 깨어나라고 두툼한 죽비로 어깨를 내리 찍습니다. 그렇습니다. 우리에게 필요한 건 현실을 똑바로 바라보고 받아들일 수 있는 시선과 태도입니다. 아프면 바로 힐링으로 치유 받는 게 아니라 얼마나 아픈지, 왜 아픈지를 먼저 들여다봐야 합니다. 그래야 덜 아플 수 있습니다. 소설은 바로 현실의 고통을 민낯으로 대면하게 합니다.

책이 옹호 받아야 할 두 번째 이유는 인간의 조절 능력을 키워 준다는 데에 있습니다. 살아가면서 느끼는 감정들을 스스로 '조절'할 수 있는 능력을 갖게 될 때 인간은 한 뼘씩 성장해갑니다. 벼락같이 몰아치는 고통의 감정들도 조절할 수 있어야 합니다. 엄청난 행운이 가져다주는 행복감도 조절할 수 있어야 합니다. 욕망과 행복, 고통의 감정들을 조절할 수 있는 사람은 그 감정위에 설 수 있습니다. 어떠한 감정에도 휘둘리지 않고 컨트롤 할 수 있는 사람인 것이지요. 자신을 컨트롤할 수 있을 때 인간은 진정한 자유를 느낍니다. 니코스 카잔스키의 『그리스인 조르바』가 대표적 인물입니다. 묘비명에 새겨졌다는 "나는 아무것도 바라지 않는다. 나는 아무것도 두려워하지 않는다. 나는 자유다"라는 말은 카잔스키가 '자신의 생각과 감정으로부터 자유롭고 싶었던 그의 의지'를 보여줍니다. 카잔스키가 그토록 자유를 열망한 것은 두려움을 넘어서게 하는 그 무엇이 자유라는 걸 깨달았기 때문입니다.

스스로의 한계를 알고 감정을 컨트롤 할 수 있는 사람은 절망의 늪에서 허우적거릴지라도 끝내는 빠져나올 수 있는 힘이 있습니다. 이것은 행복과 희열감, 고통과 절망을 상상할 수 있는 힘이 있어야 가능합니다. 내가 겪어보지 못한 고난에 대해 짐작하고 상상하는 것은 그 감정에서 떨어져서 볼 수 있는 객관적 위치에서 가능합니다. 책은 자신이 현실에서 어떠한 위치에 있는지 거리를 두고 바라보게 합니다. 책 속의 이야기는 그저 책 속의 이야기일 뿐입니다. 진짜 내 삶의 고통으로 작용하지 않습니다. 하지만 고통을 짐작할 수 있게 만들지요.

책은 이렇게 삶과 연결됩니다. 헛된 희망을 깨뜨리고 있는 그대로의 현실을 대면시킵니다. '이렇게 참담한 현실에서 너는 어떻게 살 건데?'라고 끊임없이 질문을 던지는 게 책입니다. 자신을 객관화할 수 있는 도구가 바로 책입니다. 시골로 들어가 글쓰기에만 전념하는 일본의 소설가 마루야마 겐지는 『인생 따위 엿이나 먹어라』에서 '지옥 같은 현실을 버텨야 하는 이유'를 이야기합니다. 현실은 도피하는 것이 아닌 견디는 것이며 그곳에 삶의 정수가 숨어있다고 말합니다.

"인생은 지옥이지만 그래도 살아야 하는 이유는 태어났기 때문이다. 모처럼 생명을 갖고 세상에 왔으니 전부 보고 죽는 게 좋지 않은가. 단, 처음부터 기대는 하지 말아야 한다. '아무리 비참한 일이 일어나도 즐겨 주겠어'라는 정신이 필요하다. 책에도 썼지만 절체절명(絶體絶命), 고립무원(孤立無援), 사면초가(四面楚歌) 등의 궁지에 삶의 핵심이 숨어 있다. 그 안에서 몸부림치는 자신을 한 발 떨어져 바라볼 수 있는 것. 그 것이 자립한 인간이다." - 마루야마 겐지, 중앙일보 인터뷰, 2015. 6. 22. -

책이 옹호 받아야 할 이유는
첫째, '열심히 노력하면 나중에는 잘 살 수 있다'라는
맹목적인 희망을 깨뜨립니다.
둘째, 인간의 조절 능력을 키워 준다는 데에 있습니다.
책은 삶과 연결되어 헛된 희망을 깨뜨리고,
있는 그대로의 현실을 대면시킵니다.
'이렇게 참담한 현실에서 너는 어떻게 살 건데?'라고
끊임없이 질문을 던지는 게 바로 책이기 때문입니다.

"고통의 절대성만이
오늘날까지 계속되어온 유일한 것이다."

|

아도르노

힐링독서 vs 인문독서

몇 해 전부터 우리사회에 불기 시작한 인문학 열풍이 여전히 꺾이지 않고 있습니다. 교보문고가 집계한 2015년 상반기 도서 판매 동향을 보면 인문 분야가 처음으로 소설을 제치고 점유율 1위에 올라섰습니다. 주부, 대학생, 직장인들 심지어 초등학생들까지도 인문학 읽기에 빠지고 있는 실정입니다. 학교나 도서관, 공공단체는 물론 기업에서도 인문학 연사를 초청해 강연회를 엽니다. 하지만 이는 실제로 인문학을 연구하는 대학에서는 찾아볼 수 없는 참으로 기이한 현상입니다. 학교 밖에서는 인기를 끄는 인문학이 대학이라는 상아탑의 장(場)으로 들어오면 그 맥이 빠져버리고 맙니다. 인문 관련 학과가 아예 없어져 버리거나 다른 과와 통폐합되기 일쑤입니다. 제가 문학공부를 하는 학교에서도 입학생이 없어 아예 인문학 관련 수업을 개강하지 않는 경우도 생겨납니다. 왜 그럴까요? 대학에서 인문학이 활성화되지 않는 이유는 순전히 '돈벌이가 안 된다'라는 이유입니다. 배워 봤자 어디에 써먹을 수가 없다는 것이죠. 공부를 하고 있는 전공자들도 졸업 후 취직이 잘 되지 않고 계속해서 공부를 하는 일도 쉽지 않아서 미래를 준비하기가 막막하기만 합니다.

그렇다면 학교 밖의 인문학 열풍은 어떻게 설명할 수 있을까요? 기업에서 촉발된 인문학 열풍은 '인문학을 해야 돈을 더 잘 벌 수 있다'라는 관점으로 해석하는 전문가들도 있습니다만, 저는 인문학 열풍의 이유는 사람들이 학교와 사회에서 채우지 못하는 지적 욕망의 발로(發露)라고 생각합니다. 우리나라는 세계에서 '고학력'자가 가장 많은 나라 중에 하나입니다. 2000년대부터 지금까지 대학 진학률은 80%에 이르고 있습니다. 놀랍지 않습니까? 국민 10명 중의 8명 이상이 대학에 가고 있다는 것은 우리 사회가 얼마나 '학벌'을 중시하는 사회인지 극명하게 보여줍니다. 그러나 현실의 원칙은 누구에게나 녹록치 않게 적용되기 마련입니다. 이제 더 이상 좋은 대학이 바로 행복한 삶을 보장하지 못합니다. 명문 대학을 나왔다고 해서 평생 안정적 소득을 올리면서 여유롭게 살아가는 시대는 지났다는 의미입니다. 이제야 사람들은 진정한 인문학적인 성찰과 공부를 열망하고 있는 것입니다.

어쨌거나, 인문학 열풍은 긍정적입니다. 자신의 삶을 돌아보고, 앞으로 어떻게 살 것인가의 문제를 성찰하는 힘은 공부로써 얻을 수 있기 때문입니다. 하지만, '열풍'이 말 그대로 '열풍'으로 끝나는 경우가 많아 걱정스러운 점이 많습니다. 예컨대, 유명 인문강사의 강연을 쫓아다니며 열광하는 사람들을 보면 과연 인문학 공부가 무엇인가를 생각하게 합니다. '자기계발로 인문학'을 접하는 게 아닌가 합니다. 그들은 유명 강사에게 자신의 고민을 쏟아 놓으며, 답을 구하려고 합니다. 자신이 안고 있는 삶의 문제에 대한 해답을 타자에게 찾으려고 하니 참으로 기괴한 현상이 아닐 수 없습니다. 사람들은 인문학에서 그저 '힐링'과 '치유'를 하고 있습니다. 물론 힐링과 치유가 필요 없고 나쁘다는 것이 아닙니다. 하지만 문제의 원인을 알지 못하는 힐링과 치유는 계속해서 반복될 뿐입니다. 그 속에는 고통과 아픔에 대한 성찰이 없고, 회피만이 있을 뿐입니다. 힐링으로써의 인문학은 성숙한 정신으로 성장시키지 못하고, 아픔이 있을 때마다 아무나 붙잡고 쏟아내는 하소연에 불과합니다.

독서열풍도 이와 비슷한 연장선상에 있습니다. 사람들은 책을 읽고 자신이 가지고 있던 무의식의 트라우마나 감정들을 보고 끄집어내어 해소하려고 합니다. 힘든 현실에서 잠깐이나마 벗어나고 싶어 합니다. 우리가 마음이 우울할 때 실컷 울고 나면 시원한 기분이 드는 것처럼, 사람들은 책을 읽고 위로를 받고 싶고, 자신이 얼마나 힘들고 아픈지에 대해서 독서모임에 온 사람들이 알아줬으면 하는 심리가 작동되는 것입니다. 이런 감정의 해소를 돕는 독서를 저는 '힐링의 독서'라고 부릅니다. 힐링의 독서는 독자가 책을 읽고 하는 독서의 1차적 행위입니다. 꼭 필요하고 중요한 부분입니다. 책을 통해서 자신을 돌아보는 것이니까요. 하지만 독서가 여기서 끝나 버리면, 즉 '힐링'하는 데에만 머문다면 독서의 궁극적 목적인 정신적 성장에는 도달하기 어렵습니다. 왜 그럴까요? 감정의 해소는 위로와 시원함을 주지만, 지혜와 깨달음을 가져다주기는 어렵기 때문입니다.

예컨대, 김애란의 『두근두근 내 인생』을 읽고 독서동아리 회원 10여명이 모였습니다. 이 책에는 조로증에 걸린 아름이가 나옵니다. 태어나서 한 번도 제 나이대로 살아보지 못한 아름이는 하고 싶고, 되고 싶은 것도 많은 17세 소년입니다. 나이는 17세이지만 80세의 신체로 하루하루 죽어갑니다. 아름이는 사는 게 죽는 것임을 매 순간 실감하며 살아야 합니다. 이 작품은 남보다 10년은 빠르게 늙어가는 아름이가 죽어가는 모습을 다루고 있습니다. 『두근두근 내 인생』을 읽은 사람들은 저마다 눈물을 보였습니다. 책 속에 나오는 주인공이 겪는 고통을 느낄 수 있다는 이유였습니다. 아름이를 생각하니 몸이 아파 고통 받는 주변사람이 생각났다는 의견도 많이 나왔습니다. 숙연해지는 독서동아리 현장은 슬픔으로 가득 찼고 이내 모임은 끝이 나고 말았습니다. 훌륭한 독자라면 슬픔에서 머무르는 것이 아니라 앞으로 더 나아가야 합니다.

진정한 인문으로써의 독서는 쉽게 나올 수 없는 질문에 대해서 끊임없이 고민하게 만듭니다. 보이지 않는 인생의 층위들을 도려내어 독자에게 질문을 던지고 끝끝내 독자의 답을 얻어내고야 맙니다. 알베르 카뮈의 『이방인』을 예로 들어 보겠습니다.

"오늘 엄마가 죽었다."

알베르 카뮈 『이방인』의 첫 문장입니다. 책을 읽기도 전에 뒤통수를 한방 얻어맞은 듯한 강렬한 느낌이 듭니다. 아마도 그 느낌은 '엄마의 죽음'을 무덤덤하게 받아들이는 주인공 뫼르소의 태도 때문일 겁니다. 심지어 뫼르소는 엄마의 장례를 마치면 그 다음날 저녁쯤에는 집에 다시 돌아올 수 있으리라는 계산까지 합니다. 소설속에 그려진 뫼르소는 정말로 엄마의 죽음을 슬퍼하지 않는 듯 보입니다. 한가로이 커피도 타 먹고, 여자친구와 행복한 시간을 보내기도 하니까요. 하지만, 뫼르소의 태연한 태도는 사람들에게 낯설게 느껴집니다. 보통 부모님이 돌아가시면, 큰 슬픔에 잠기고, 지난날을 추억합니다. 부모님을 원망하며 살았던 자식들도 죽음 앞에서는 부모님의 존재 없음을 아쉬워하며 회한에 잠기기도 합니다. 그런데 바로 이런 사회적 통념에서 벗어난 듯한 뫼르소의 행동이 독자의 그 무엇을 건드렸기 때문에 책을 들자마자 강렬함과 함께 불편함을 가져다 준 겁니다.

실제로 뫼르소의 이런 태도는 사형 선고라는 어마어마한 결과를 초래합니다. 아랍인들과 시비가 붙어 우발적인 살인을 저지른 뫼르소에게 가해진 형벌인데요. 뫼르소는 살인의 이유를 묻는 재판장에게 "햇볕이 따가워서 죽였다"라고 말합니다. 기가 막힐 노릇입니다.

세상에! 햇볕 때문에 살인을 했다니요. 누구나 뫼르소의 변론에 동의하기란 쉽지 않습니다. 하지만 재판부는 살인을 저지른 뫼르소에게 죗값을 치르게 해야 합니다. 그래서 엄마의 장례식에서 보여준 태도를 문제 삼아, 부도덕적인 사람이라고 결론을 내립니다. 엄마의 죽음에도 슬픔을 느끼지 않는 인정머리 없는 인간이니, 살인도 저지를 만한 인간이다라고 판단하고 결국 사형 선고가 떨어지는 것입니다.

자, 그렇다면 여기서 생각해 봅시다. 뫼르소가 엄마의 죽음에도 슬퍼하지 않았다고 단정지을 수 있을까요? 슬퍼하지 않는 모습을 타인에게 보이지 않았다고 부도덕한 인물이라고 평가 받아야 할까요? 또 이 세상에는 부모의 죽음을 슬픔으로 받아들이는 자식만 살고 있나요? 좀 더 나아가 봅시다. 뫼르소의 살인의 이유를 평상시의 부도덕함으로 몰아갈 수 있나요? 자신에게 내려진 형벌을 줄이기 위해 아무런 변호를 하지 않는 뫼르소의 행동을 우리는 어떻게 이해해야 할까요?

이렇게 인문학적인 독서는 기존에 내가 가지고 있던 상식과 받아들이고 있던 관습 또는 사회적 통념들을 의심하게 만듭니다. 너무나도 당연하게 받아들이고 생각했던 것들, 몸 속에 깊이 박혀 있는 세포들을 툭! 하고 건들고 지나갑니다. 모두들 그렇다고 말할 때 쉽게 대답하지 않고 '과연 그럴까?'를 따져 묻는 것이 인문 독서라고 할 수 있습니다.

이후, 뫼르소의 이상스런(?) 행동은 계속됩니다. 죽음이 임박해 옴에도 자신을 구하기 위한 어떠한 변론도 하지 않습니다. 오히려 적극적으로 죽음을 향해가는 사람처럼 보입니다. 또한 여자친구가 '나를 사랑해?'라고 묻자, 뫼르소는 아주 시니컬하게 대답합니다. "그런 건 아무 의미도 없는 말이지만 아마 사랑하지 않는 것 같아." 라고요. 만약 남자친구가 이렇게 말한다면 그 옆에 붙어있을 여자가 얼마나 될지 궁금합니다. 그런데 이상한 것은 책을 읽는 독자들은 이런 뫼르소에게 엄청난 매력을 느낀다는 겁니다. 은근히 끌리는 거죠. 책을 읽는 독자들은 뫼르소가 살인을 저질렀음에도, 햇빛이 따가워서 죽였다는 성의 없는 대답도 그대로 받아주고, 심지어 뫼르소는 죄가 없다고까지 생각하기도 합니다. 뫼르소의 편이 되어, 뫼르소에게 위해를 가하는 사회와 인물들에게 분노를 느끼기도 합니다.

자, 왜 그럴까요? 그것은 내가 발 딛고 사는 사회와 책 속의 사회의 간격이 너무 크기 때문입니다. 어떤 이질성을 느끼는 거죠. 우리는 어떻게 보면 정상 범주에 들어가지 않는 뫼르소와 같은 인물도 이 사회에서 존중받으며 살았으면 하는 마음이 저 한 구석에 있는 겁니다. 그런데 현실은 어떻습니까. 현실에서 인간은 타인이 정상 범주를 넘어서는 행동에 대해서 단칼을 들이댑니다. 일단 뉴스에 살인을 저지른 범죄자가 나오면, 이유 여하를 막론하고 당장 감옥에 쳐 넣어야 한다고 비분강개를 하는 경우가 그렇습니다. 사회의 기본적인 율법을 무시하는 인간은 위험한 인물이므로 격리시켜야 한다는 것이죠.

　우리는 힐링의 독서를 하고 난 다음에는 인문 독서의 장으로 넘어가야 합니다. 책과 현실의 간격을 좁혀가는 것이 바로 인문독서이며 성찰하는 독서입니다.

"문학은 우리로 하여금 우리가 달리 시간과 기회가 있어도 할 수 있는
것 이상으로 우리의 감각을 더 강렬하고 완전하게 훈련시킬 수 있다."

미국 문화비평가 _ 루이스 로젠블렛

감성의 책 읽기

인간의 정신은 크게 이성과 감성으로 구성되어 있습니다. 인지과학에서는 이를 인지적 영역과 정의적 영역이라고 부릅니다. 인지적 영역은 지식과 정보를 습득하여 분석하고 평가하는 역할을 하고, 정의적 영역은 인간의 감정이나 태도, 신념 또는 성격과 관련되는 것으로 현상에 대한 수용과 반응, 가치화하는 일을 합니다. 인지과학분야의 연구에 따르면 인지적 영역과 정의적 영역이 따로 발전 성장하는 것은 어렵고, 함께 발달해야 더욱 큰 정신의 발달과 성장을 가져온다고 합니다. 한 쪽으로 치우친 정신 영역의 발달은 어느 시점에 다다르면 한계에 이른다고 합니다. 즉, 이성과 감성이 함께 균형 있게 발달할 때, 인간의 정신이 성숙될 수 있다는 의미입니다.

이는 독서 활동에도 그대로 적용됩니다. 대개 사람들은 독서를 통해 지식과 정보 습득을 통한 자극을 받는 데에 관심을 기울입니다. 독서로 신장시킬 수 있는 감성에는 크게 중요성을 따지지 않는 것 같습니다. 하지만 위에서 언급했듯이, 지식과 정보를 습득하고 활용하는 것만큼이나 중요한 것은 이성과 감성의 균형있는 신장입니다. 인간은 어떤 일을 판단할 때 자신의 정신을 바탕으로 해서 방향을 결정합니다. 한쪽으로 치우친 결정은 불균형을 이룰 수밖에 없고, 좋지 않은 결과가 도출될 수 있습니다. 그렇다면 우리는 책을 통해 어떻게 균형잡힌 이성과 감성 능력을 키울 수 있을까요?

이를 위해서는 먼저 책을 통한 우리의 감성교육이 그동안 어떻게 행해져 왔나를 돌아봐야 합니다. 우리의 공교육은 대체로 인지적 영역을 신장시키는 지식과 정보 습득으로의 읽기 교육에 초점이 맞춰져 있습니다. 학생들은 문학작품을 읽고, 배우고, 암기하고 시험을 치릅니다. 국어는 시험을 치르는 과목으로 전락해, 문학 작품을 읽고 음미하고 되새겨보는 독서와는 점점 거리가 멀어지고 있습니다. 그래서 어느 시인이 수능시험에 출제된 자신이 쓴 시의 의도를 묻는 문제에 정답을 맞히지 못하는 웃지 못 할 상황도 벌어진 것이죠.

문학은 예술의 영역이며 감상하는 방법을 교육의 중심에 두어야 합니다. 당연히 사람마다 문학작품을 접하고 느끼는 감정이 다를 수밖에 없습니다. 미국의 문화비평가 루이스 로젠블렛은 『탐구로서의 문학』에서 "문학교사는 개별적 독자가 문학에서 만족감을 얻도록 돕기 위해 노력해야 한다. 교육은 이 과정에서 개인을 자기 비판적으로 성찰하도록 이끌어 줌으로써 텍스트로부터 의미를 발견해 내는 개인의 능력을 향상시켜 주는 일이다"라고 말합니다. 우리는 책이 가진 지식과 정보에 너무 압도될 필요가 없습니다. 중요한 것은 책에 내포된 의미를 구성하는 것은 독자 자신이라는 사실입니다. 책은 쓰이면 그로부터 작가의 손을 떠났다고 볼 수 있습니다. 의미와 가치를 발견하는 것은 독자의 몫이며, 이는 독자의 반응에 따라 달라질 수 있는 것입니다. 따라서 독서를 통해 감성능력을 기르는 방법을 훈련하는 것이 매우 중요합니다.

"행위의 감성적이고 열정적인 측면이 냉철한 이성을 위해서 제거되어야만 한다는 것은 아니다. 더 적은 것이 아니라 더 많은 열정이 그 해답이다. 연민을 합리화하기 위해서는 호기심, 조심성, 다른 사람의 자유를 존중하는 것과 같은 감정들이 필요한 반면에 증오의 영향을 제어하기 위해서는 연민이 있어야한다. 이러한 감정들은 연민에 의해 환기된 감정들의 균형을 유지하는 대상들을 생각나게 하고 이들을 감상적인 정서와 간섭하는 방해로 타락하는 것을 방지하는 기질이다. 다시 한 번 더 강조하건대 이성은 충동과 습관에 반대되는 것을 생각나게 하는 세력이 아니다. 그것은 다양한 욕구들 사이에 작용하는 조화에 도달하는 것이다" -『인간의 본성』, 존 듀이 -

〈독서동아리〉 회원들은 독서를 통해 자신의 생각과 느낌대로 반응할 수 있다는 사실에 어떤 해방감과 자유를 느낀다고 말합니다. 또한 자신과 타인들을 보다 주의 깊게 관찰하게 된다고 합니다. 독서를 통해 나와 타인을 관찰할 수 있는 힘은 바로 '이해'로 귀결됩니다. 나를 이해하고, 타인을 이해하고, 세상을 이해하는 안목이 생겨나게 됩니다.

이성과 감성!

인지과학에서는 이를 〈인지적 영역〉과

〈정의적 영역〉이라고 합니다.

인지적 영역은 지식과 정보를 습득하여

분석하고 평가하며,

정의적 영역은 인간의 감정이나 태도,

신념 또는 성격과 관련되는 것으로 현상에 대한

수용과 반응, 가치화하는 일을 합니다.

인지적 영역과 정의적 영역이 따로 성장 발전하는 것은

어렵고, 함께 발달해야 더욱 큰 정신의 발달과

성장을 가져옵니다.

즉, 이성과 감성이 함께 균형 있게 발달할 때,

인간의 정신이 성숙될 수 있습니다.

'독서동아리'를 만들고 운영하는 법

저는 아흔 살이 넘으면서 '인생을 즐겁고
행복하게 살지 못하면 내 손해다'라고 생각하게 됐어요.
그래서 계속해서 공부하고 있습니다.

연세대 철학과 명예교수 김형석

얼마 전, 아흔을 훌쩍 넘기신 김형석 교수님이 강연에서 하신 말씀입니다. 지금도 여전히 공부를 하고 책을 쓰신다고 합니다. 올해로 96세이신 교수님의 열정적인 강연을 TV프로그램에서 본 적이 있습니다. 흐트러짐 없이 꼿꼿한 자세와 단단한 목소리가 그 연세로 보이지 않았음은 물론입니다. 강연의 화두는 '행복'이었습니다. 지금까지의 인생을 돌이켜 보니 '진정한 행복을 누리기' 위해서는 두 가지를 지켜야 한다고 합니다. 첫째는 '자신이 성장하는 것'을 아는 것이고, 두 번째는 '남에게 도움이 될 때' 인간은 행복을 느낀다고 합니다. 이를 위해서는 끊임없이 공부를 하고 자신의 정신을 가꾸는 것을 게을리 해서는 안 된다고 조언합니다. 한 세기를 살아오신 노교수님의 지혜의 목소리가 깊은 울림으로 다가왔습니다.

교수님의 말씀처럼 인간은 죽는 순간까지 배우고, 실천하고, 행복해야 할 의무가 있습니다. 물론 행복한 삶을 위해서는 열심히 읽고, 나눠야겠지요. 그 방법 중에 하나가 바로 '독서동아리'를 만들어 활동하는 것입니다.

평생학습 사회를 맞아 학교와 도서관, 직장을 중심으로 한 '독서동아리'의 필요성이 높아지고 있는 현실입니다. 하지만 혼자 하는 독서는 지속적으로 실천하기가 여간 어려운 게 아닙니다. 바쁜 생활에 쫓겨, 책의 첫 부분만 읽다가 덮고, 다시 읽으려하면 맥이 끊겨 포기하게 되는 경우가 많습니다. 새해가 되면 야심차게 세웠던 독서계획도 얼마 지나지 않아 작심삼일이 되고 맙니다. 책을 꾸준히 읽고, 정신적 성장을 하고 싶다면 '독서동아리'를 만들어 활동할 것을 권합니다.

올해로 21년째 '독서동아리'를 하고 있는 평택 A도서관의 '○○○'는 이제 가족처럼 가까운 사이가 되었다고 합니다. 바쁠 때는 한 달에 한 번, 여유가 있을 때는 2주에 한번 만나 한 권의 책을 읽고, 토론도 하고 연극으로 만들어 무대에 올리기도 한다는데요. 회원들은 저마다 책으로 맺은 인연으로 자신이 성장하는 모습을 보는 게 정말 행복하다고 말합니다. '빨리 가려면 혼자 가고, 멀리 가려면 함께 가라고'했던가요. '독서동아리'는 다양한 학습경험을 통하여 지식, 태도, 행동을 변화시킵니다. 자, 이제, 혼자 하는 독서에서 함께하는 독서의 장을 만들어 보는게 어떨까요?

■ '독서동아리'를 만드는 법

1. 참여 인원은 몇 명이 적당한가요?

'독서동아리' 인원은 한 모둠이 4명~12명 정도가 적당합니다. 12명이 넘어가면, 책을 읽고 토론을 하거나, 북브리핑과 같은 발표를 할 때, 자칫 산만해지고 책에 대한 몰입도가 떨어질 수 있기 때문입니다.

2. 사람은 어떻게 모으고, 장소는 어디로 정하나요?

책을 읽고 나누고자 하는 사람이 있다면 얼마든지 '독서동아리'를 만들어 운영할 수 있습니다. 개인적인 친분으로 '독서동아리' 회원을 모집하여 운영하는 것도 좋지만, 그 지역의 학교와 도서관에 문을 두드려 보는 것도 방법입니다. 학교와 도서관에는 반드시 사서 선생님이 계시기 마련입니다. 사서는 도서관에서 이용자들에게 책을 추천해주고, 열람 정보를 알려주고, 일정한 독서지도를 하는 업무를 담당합니다. '독서동아리'를 만들어 운영하고 싶다면 사서를 찾아가 도움을 요청하는 것이 가장 쉽고 빠른 길입니다. 사서는 도서관 홈페이지나 메일로 '독서동아리'에 관한 홍보를 하여 사람을 모으고 가능한 한 모임을 할 장소도 마련해 주기도 합니다.

최근에는 '가족 독서동아리'를 만들어 활동하는 분들도 눈에 띄는데요. 굉장히 바람직한 현상입니다. 가족들이 둘러 앉아 한권의 책을 가지고 '독서토론'을 한다니, 얼마나 멋진 풍경일지 상상이 갑니다. 실제로 '가족 독서동아리' 모임을 시작한 지인은 가족들의 관계가 더욱 돈독해졌다고 입을 모읍니다. "평소 말이 없던 사춘기 아들이 무슨 생각을 하고 사는지 몰랐는데, 독서모임을 통해 아이의 마음을 진정으로 이해하게 되었다"라고 말합니다. 무엇보다 가장 큰 변화는 아이가 부모와 '대화를 하려고 한다는 것'이라며 기뻐했는데요. 책으로 변화되는 사람들을 볼 때 저는 가장 큰 보람을 느낍니다.

3. 책 선정은 어떻게 하나요?

'독서동아리'에서 읽을 책은 회원들의 의견을 모아 결정하는 것이 중요합니다. 진행자의 일방적인 책 선정은 회원들의 반감을 살 수 있으므로 조심해야 합니다. 회원들의 의견을 모아 문학과 비문학으로 골고루 선택하되, 선택된 도서는 인터넷 서점이나, 책 전문 블로거들이 올린 '서평'을 참고하는 것도 도움이 됩니다. 번역서인 경우는 인터넷서점에서 제공하는 미리보기를 반드시 읽어봐야 합니다. 전문번역가가 아닐 경우, 모호하고 난해한 번역으로 독서를 중단시키는 결과를 초래할 수 있기 때문입니다. 해당분야의 전공자인지, 유령 번역자인지도 꼼꼼히 따져봐야 합니다. 선택한 책은 마지막으로 전문가의 도움을 받아 읽을 만한 가치가 있는 책인지 베스트셀러 위주의 조악한 책은 아닌지 검증을 받을 필요가 있습니다.

4. 모임 횟수와 시간은?

대개는 월 1회가 가장 많고 그 다음은 월 2회입니다. 모임 시간은 회당 1시간 30분에서 2시간이 적당합니다.

5. 운영방법은?

'독서동아리' 모임은 공지사항을 전달하고, 장소를 섭외하고, 참여자들의 독서를 독려할 운영자가 필요합니다. 회원들에게 각각의 역할을 맡게 하여 모임을 꾸리는 것도 좋은 방법입니다. 운영진은 인터넷에 카페나 밴드를 열어 모임의 진행 상황을 알려주는 것이 필요합니다. 모임에 빠진 회원이라도 다음 모임에 대한 정보를 얻을 수 있고, 모임에 참석한 회원들은 정보를 공유하면서 '독서동아리'에 적극적으로 참여할 수 있습니다.

6. '독서동아리'가 주기적 모임으로 정착되기 위한 노력은?

'독서동아리'가 정착되지 않는 가장 큰 이유는 회원들의 부족한 참여율입니다. 굳은 의지로 '독서동아리'를 만들었다고 해도 회원들이 이런저런 이유로 모임에 빠지다 보면 운영진으로서는 기운이 빠질 수 밖에 없습니다. 따라서 회원들의 모임 참여도가 낮은 이유를 살펴서 배려하는 게 무엇보다 중요합니다. 불참 이유로는 책을 읽지 못해서, 모임에 대한 부담감, 시간이 부족해서, 모임 사람들과 친하지 않아서 등이 있습니다. 그렇다면, 책을 미처 다 읽지 못해도 즐겁게 '독서동아리' 모임에 참여할 수 있도록 독서활동의 범위를 좁히고, 운영진을 비롯한 다른 회원들은 '독서동아리'에 참여하는 사람들이 편한 마음으로 모임에 임할 수 있도록 배려하고, 모임시간을 너무 길지 않게 하는 것이 중요합니다. 또한 다양한 '독서동아리' 활동으로 모임의 재미와 의미를 높이는 것이 필요합니다.

7. 각 지자체에서는 '독서동아리'에 필요한 경비를 지원합니다.

각 지자체에서는 그 지역에서 활동하는 '독서동아리'를 대상으로 필요한 경비를 지원하고 있습니다. 물론 각 지자체의 예산에 따라서 지원 금액은 다릅니다. 책값과 간식, 식대를 지원하기도 하고, 워크숍이나 발표회, 지도강사비를 지원하기도 합니다. 이에 대한 정보를 얻기 위해서는 각 지역에 위치한 도서관이나 학교의 사서선생님이나 담당자에게 문의를 하면 '독서동아리' 경비지원에 대한 자세한 내용을 안내 받을 수 있습니다.

8. '책읽는사회문화재단'에서 '독서동아리'를 지원합니다.

전국에서 활동하고 있는 '독서동아리' 모임을 소개하고 참여를 독려합니다. 전국적으로 400여개 이상의 '독서동아리' 모임 지원과 독서프로그램을 안내하고 있습니다. 자신이 거주하고 있는 지역의 '독서동아리'에 문을 두드려보세요. 책 읽기에 날개를 달게 될 것입니다.

책읽는사회문화재단
http://www.bookreader.or.kr/

읽고

2장

〈독서동아리〉 참여 전,
책은 어떻게 읽어야
하나요?

- 책 읽기 3단계
- 내 생각의 토대를 의심하라
- 세상을 보는 다양한 관점
- 분야별 책 읽기
- 생각하는 방법을 배우는 독서
- 왜 고전을 읽는가
- **Point** 〈독서토론〉의 꽃, 논제 발제법

"책은 다만 지식의 재료를 던져줄 뿐.
그것을 자신의 것으로 만들기 위해서는 사색의 힘이 필요하다."

|

존 로크

책 읽기 3단계

　　독서 현장에서 사람들이 제게 가장 많이 털어놓는 고민은 "책을 읽기는 읽었는데 기억이 안 난다. 남는 게 없다."라는 하소연입니다. 정성을 들여 읽은 책도 쉽게 잊어버리니 속이 상한다는 푸념을 많이 듣습니다. 누구나 한 번쯤은 공감하는 부분입니다. 책을 읽고도 남는 게 없다면, 읽다가 중도에 쉽게 포기하고 만다면, 책을 읽고 무엇을 느끼고 생각해야 할지 막막하다면, 지금까지 해온 독서 습관을 점검해 볼 필요가 있습니다. 잘못된 독서 습관은 시간과 공을 들여 해 온 독서를 물거품으로 만들어 버리니까요. 그동안 읽은 책(최근에 읽은 책 5권 정도)의 제목과 내용이 잘 기억이 나지 않는다면, 어떤 책인지 간단하게 소개하기 어렵다면 독서 습관이 잘 형성되었다고 보기는 어렵습니다. 읽으면 잊어버리고 마는 독서를 해온 것은 아닐까요? 반면 평소 책을 많이 읽지 않는 초심자라 할지라도

올바른 독서 습관을 기르면 읽은 내용을 '내 것'으로 만드는 독서를 할 수 있습니다. 시간이 지날수록 깊어지는 사유를 하는 수준 높은 독서가로 성장할 수 있습니다.

우리가 기억을 잘 하지 못하는 이유는 책을 읽는 게 아니라 구경했기 때문입니다. 보기와 읽기의 차이입니다. 보는 것은 구경하는 거예요. 우리가 차를 타고 가면서 아름다운 풍경을 봅니다. 이때 우리는 풍경을 '본다'고 하지 풍경을 '읽는다'고 하지 않습니다. 이렇게 보는 것은 아주 쉽게 잊어버립니다. 그래서 우리는 기억하기 위해 사진을 찍습니다. 시간이 흘러 그때의 추억을 잊어버리게 되면 사진을 보면서 기억을 떠올리게 됩니다. 그런데 정작 우리가 기억하는 건 뭡니까? 그 풍경이 아니라 사진의 내용입니다. 우리는 사진

만큼만 기억할 수 있습니다. 사진으로 찍히지 않은 것은 기억하기가 힘들죠.

독서도 마찬가지입니다. 책을 읽고 그대로 책장에 보관하는 것은 책을 구경한 것이지, 읽었다고 하기는 어렵습니다. 우리는 여행에서 사진을 찍듯이 책을 읽는 도중에 기억을 하기 위한 어떤 행위를 해야 합니다. 그 방법은 사람마다 다를 수 있습니다. 인상적인 부분에 밑줄을 치는 방법도 있고, 노트에 중요하다고 생각하는 부분을 발췌하여 정리하고 자신의 짧은 생각을 덧붙이는 방법도 있습니다. 책 귀퉁이에 떠오르는 생각을 메모하는 방법도 있고요. 자신에게 맞는 방법을 찾아 실천을 하는 것은 오래도록 기억에 남기기 위한 첫 번째 활동입니다. 저는 이렇게 정리한 것을 '독서노트'라고 부르는데, 틈날 때 마다 꺼내보면 과거에 읽었던 책들이 생생하게 되살아나는 경험을 합니다.

사실 이런 방법을 실천하는 것은 굉장한 에너지를 필요로 합니다. 보통의 사람들은 독서노트를 만들기는커녕 책을 읽는 것조차도 벅차니까요. 하지만 이왕 책을 읽기 시작했다면 독서노트를 만들어 읽기를 권합니다. 책을 읽으면서 발췌를 하고, 메모를 한 노트가 쌓이다 보면 그냥 책을 읽는 사람과는 차원이 다른 독서력을 갖게 됩니다. 책에 대한 이해력, 표현력, 사고력과 글쓰기 실력까지 신장시킬 수 있습니다.

『책은 도끼다』를 쓴 박웅현은 "기억을 잘 하기 위해서는 감동을 받아야 된다"고 했습니다. 그런데 감동을 받아도 시간이 지나면 잊히는 건 어쩔 수 없는 것 같습니다. 인간은 망각의 동물이기 때문에 기억을 반복하지 않으면 결국은 다 날아가 버리고 맙니다.

일본의 저술가 사이토 다카시는 "독서는 그동안 읽은 책의 양으로 한다"라고 했습니다. 그동안 읽은 책의 양이 부족하면 새로운 책을 읽는 데에 시간과 공이 많이 들어갑니다. 반면에 내가 읽은 책의 많으면 많을수록 새로운 책을 읽을 때 이해도는 높을 수밖에 없는 것이죠. 이는 내가 알고 있는 어휘량 때문입니다. 독서가 힘들고 어려운 건 생소하고 낯선 어휘가 많기 때문입니다. 어휘력은 따로 공부하는 게 아니라 책을 읽다가 보면 자연스럽게 향상됩니다.

읽은 책의 내용을 '내 것'으로 만들기 위해서는 독서의 단계를 알아야합니다. 독서는 인간의 정신을 단련하는 과정으로 크게 3단계로 나뉩니다.

〈책 읽기 3단계〉

인지 - 읽고 이해하기
사고 - 읽고 생각하기
표현 - 말하고 쓰기

책 읽기 1단계는 인지의 단계입니다. 책의 내용을 알고, 이해하는 단계입니다. 앞서 이야기 했듯이, 책을 구경하는 것에서 읽는 독서로 발전했다면, 거기서 멈추면 안 됩니다. 우리는 독서의 2단계 즉, 읽은 내용에 대해서 생각을 해봐야 합니다. 여기서 '사고'는 새롭고 다른 것을 말합니다. 단순히 책을 읽고 '재미있었다'라고 말하는 것은 생각했다고 볼 수 없습니다. '사고'란 읽은 내용에 대해 '왜 그런 일이 벌어졌는지' 개인과 집단, 사회가 어떤 맥락으로 연결되어 있는지를 깊이 들여다보는 것을 말합니다. 그리고 마지막 단계, 생각한 부분에 대해서 표현을 해야 하는 것이죠. 인간은 말과 글로 자신의 느낌과 생각을 표현합니다. 책을 읽고, 생각하고, 말과 글로 표현하는 단계, 이렇게 독서의 3단계까지 나아갔을 때 그 책이 비로소 내 것이 될 수 있습니다. 여기서 강조하고 싶은 것은 '쓰기'입니다. 읽은 내용에 대해서 표현을 할 때, '말하기'만 하고 글로 정리해 보지 않는다면, 쉽게 잊혀집니다. 말이라는 것도 형체가 없어서 시간이 지날수록 소멸되기 때문입니다. 대부분의 사람들은 책읽기 1단계에 머물러 있습니다. 책을 읽는데서 그치는 것입니다. 당연히 기억이 안나고 남는 게 없습니다. 여기서 2단계, 3단계까지 나아간다면 머지않아 놀라운 변화가 있으리라 확신합니다.

책읽기 3단계는 입력-창조-출력으로도 설명할 수 있습니다. 1단계 인지-입력, 2단계 사고-창조, 3단계 표현-출력에 해당합니다. 이 과정을 반복해서 하다 보면 자연스럽게 책을 쓰고 싶다는 생각이 들게 됩니다. 일본 지(知)의 거장이라 불리는 다치바나 다카시는

『나는 이런 책을 읽어왔다』에서 입력대 출력의 비율이 100:1이라고 했습니다. 100권의 책을 읽어야 한권의 책이 나올 수 있다라는 뜻인데요. 저는 다치바나 다카시가 말하는 100권을 입력한다는 것은 단순히 100권의 책을 읽는다는 뜻이 아니라, 제가 주장하는 책읽기 3단계를 차례로 실천했을 때 실현 가능한 일이라고 생각합니다.

이 장에서 강조하고 싶은 것은, 책읽기 3단계를 충실히 하는 주체적인 독서입니다. 구미가 당기는 책을 골라 읽고 시간이 지날수록 희미해져 버리는 독서는 지양하고 책을 깊고 넓게 읽고 내 삶을 지혜와 성찰로 이끄는 능동적인 독서를 해야 합니다. 나를 바로 세우는 독서에서 중요한 것은 '사유'입니다. 독서를 통한 생각하기는 세상을 바라보는 시야를 확장시켜 주고 나의 신념과 가치관이 바로 설 수 있게 합니다. 〈읽기〉-〈사고〉-〈표현〉으로 이어지는 독서는 내 삶에 변화를 가져다주는 중요한 공부입니다.

나를 바로 세우는 독서에서 중요한 것은 사유이다.
독서를 통한 생각하기는 세상을 바라보는 시야를 확장시켜 주고
나의 신념과 가치관이 바로 설 수 있도록 한다.
즉, 〈읽기〉-〈사고〉-〈표현〉으로 이어지는 독서는
내 삶에 변화를 가져다주는 매우 중요한 공부다.

내것으로
만들기

"생각을 한다는 것은 참으로 고된 노동이다.
생각하는 사람이 그토록 적은 이유가 바로 거기에 있다."

|

알베르트 아인슈타인

내 생각의 토대를 의심하라

인간의 머릿속에는 하루에 수천가지의 생각이 드나듭니다. 그 중에서 90%이상은 어제 했던 생각이라고 합니다. 어제와 다를 바 없는 생각으로 거의 비슷하게 살아간다는 의미입니다. 어제의 내 생활모습을 떠올려 보세요. 오늘과 큰 차이가 있나요? 우리의 삶은 '매일 반복되는 의미 없는 삶'의 연속입니다. 그렇다면 내 생각에 어제와 다른 생각 즉, 새로운 사고의 패턴, 다른 사고방식을 채워 넣는다면 어떨까요? 이전과는 다른 방식으로 세상을 바라보며 삶의 토대를 만들어 갈 수 있지 않을까요?

새로운 사고의 패턴을 머릿속에 채워넣기 위해서는 먼저 살펴볼게 있습니다. 바로 '생각하지 않음'으로써 어떤 일이 발생하는지 알아야 합니다. 지금까지의 '나는 생각을 잘 하고 살아왔나'를 돌아보는 것입니다. 그리고 '생각하는 방법'을 배워야 합니다. 주입식 교육에 익숙한 사람일수록 생각하는 것을 낯설고 힘들어합니다. '낯선 것'은 생각을 불러일으킵니다. 익숙하지 않기 때문에, '나는 왜 불편한가'라는 궁금증을 갖는 것 자체가 사고의 시작인 것입니다.

책을 읽는 행위는 어떤 현상을 기존과는 다른 관점으로 바라보게 합니다. 객관적 시선이 가능하다는 것이지요. 왜냐하면 책에 등장하는 모든 사물들은 책 속에서만 현존합니다. 책 속에서 전쟁이 나고, 세상이 멸망하고, 우주가 폭발한다고 해도 현실로 이어질 가능성은 지극히 미미하기 때문입니다. 사람들은 독서의 경험으로 현실에서 일어날 수 있는 일을 미리 짐작하고 상상하고 대비할 수 있습니다. 책을 읽지 않는 사람은 자신의 경험으로만 현상을 판단하고 결정을 내립니다. 중요한 일을 결정할 때, 한 사람의 주관적인 가치관이 큰 영향을 미친다면 보다 바람직한 판단과 결정으로부터 멀어질 것입니다.

토머스 기다는 『생각의 오류』에서 우리가 얼마나 많은 생각의 오류들로 인해 잘못된 결정을 내리는지를 보여줍니다. 그는 "자신의 생각이라고 함부로 믿어서는 안됩니다. 인간은 분명한 증거가 있다기 보다 무엇인가를 믿고 싶어서 믿는 일이 흔하기 때문입니다. 자신이 믿고 싶은 것에 대해 선입견을 갖고 있지 않을 때도, 사실이 아닌 것을 믿을 수 있습니다."라고 말합니다. 한마디로 인간은 보고 싶은 것만 보고, 믿고 싶은 것만 믿으려는 편향된 생각이 있다는 것이지요. 그럼 여기서 그가 말하는 생각의 오류들을 조금 더 살펴보겠습니다.

1. 통계수치보다 이야기를 더 좋아합니다.

인간은 이야기를 할 줄 아는 동물로 진화해 왔습니다. 인류 초기부터 인간은 개개인의 이야기를 통해 한 세대에서 다음 세대로 역사와 지식을 전수해 왔는데요. 진화론적인 관점에서 볼 때, 우리의 지식을 이해하기 쉬운 형식으로 기록하고 저장하기 시작한 것은 근세의 일입니다. 이로 인해 우리는 이야기나 개인적인 설명의 형식을 띤 지식에 더 주의를 기울이는 성향을 갖게 되었습니다. 이야기는 참으로 놀랍습니다. 우리 삶에 즐거움을 더하고, 상상을 자극하며, 감동까지 선사합니다. 우리는 사회적 동물이어서, 타인의 사적인 이야기에 유난히 흥미를 가집니다. 그렇지만 무언가를 믿거나 결정 할 때 이런 일화적인 증거에 의존하면 많은 실수가 뒤따르기 마련입니다.

예컨대, 당신이 차를 구입한다고 칩시다. 평소 눈여겨본 차의 신뢰도를 알아보기 위해 소비자 보고서를 살펴보았습니다. 전년도 통계수치를 보니, 그 차는 상당히 믿을 만했습니다. 그런데 한 모임에 갔더니 최근에 그것과 똑같은 차를 구입한 친구가 말했습니다. "그 차 사지마, 완전 골칫덩이야! 고장도 자주 나고 돈도 많이 들어가" 이럴 때 당신은 어떻게 반응하겠습니까? 아마도 고민을 거듭하다가 구입하지 않기로 결정할 것입니다. 사실 친구의 이야기 보다는 소비자 보고서의 기록이 훨씬 현명합니다. 왜냐하면 친구의 경험은 차 한 대를 근거로 한 것인 반면, 보고서는 여러 차를 토대로 한 것이기 때문입니다. 친구가 운수 사납게 몇 대 안 되는 불량품을 샀을 수도 있습니다. 요컨대 친구의 말을 듣고 결정을 내리는 것은 설득력이 별로 없는 일화적인 증거에 의존하는 태도입니다. 대부분의 사람들은 결정을 내릴 때 이런 개인적인 경험에 치우치는 성향이 있습니다.

2. 확인하고 싶어 합니다.

기존의 믿음이나 기대, 자신이 믿고 싶은 것을 뒷받침해주는 정보를 중요하게 여기는 반면, 이런 것들에 반하는 정보는 덜 중요하게 받아들입니다. 이처럼 자신의 믿음을 확인시켜주는 증거들에만 집중하는 성향은 우리의 사고 과정 속에 아주 깊숙이 새겨져 있습니다. 예컨대, 내가 호감을 가지고 있는 사람이 있다면 그 사람에 대한 이야기를 들을 때 좋은 이야기만 귀에 쏙 잘 들린다는 것입니다. 이유가 뭘까요? 우리가 증명하려는 생각들을 지지해 주는 예들만 가지고 생각하는 것이 더 쉽기 때문입니다. 하지만 이런 예들에만 초점을 맞추면, 생각과 반대되는 정보들을 놓치게 됩니다. 이런 정보들이 결정에 중요한 영향을 미칠 수 있는데도 말입니다.

3. 삶에서 운과 우연의 일치가 하는 역학을 잘 이해하지 못합니다.

어떤 결정을 내리기 전에, 이런 결과가 혹 우연 때문은 아닌지 따져보아야 합니다. 주식전문가들도 장기적으로 높은 수익을 내지 못한다고 합니다. 그런데도 사람들은 주식을 잘 알면 평균 이상의 수익을 올릴 수 있다고 쉽게 믿어버립니다. 운이 세계의 여러 측면들에 영향을 미치고 있지만, 우리는 무엇인가 우연하게 일어날 수도 있다는 점은 생각하고 싶어 하지 않습니다. 그보다는 분명 이유가 있기 때문이라고 생각합니다. 인간은 원인을 중시하는 동물이며, 세계에서 인과관계를 찾으려는 욕망이 우리 안에 깊이 뿌리내리고 있습니다. 문제는 이런 성향이 인지 구조와 사고 과정에서 너무 중요한 비중을 차지해, 우리가 이런 현상을 과도하게 적용한다는 점입니다. 다시 말해 우리는 우연의 결과에 불과한 일에서도 원인을 찾습니다.

4. 세계를 제대로 인식하지 못합니다.

사람들은 자신이 세계를 있는 그대로 인식한다고 생각합니다. 실제로 "내가 본 것을 난 알아"라고 생각하는 사람이 수도 없이 많습니다. 그러나 우리의 오감은 잘 속아 넘어갑니다. 다른데 정신이 쏠려서 분명한 것을 보지 못하는 경우도 있습니다. 그런가 하면 없는 것을 보기도 합니다.

예컨대, 내가 좋아하는 축구팀의 라이벌 전을 관전한다고 칩시다. 아마도 우리 팀의 반칙보다 상대 팀의 반칙이 더 많이 눈에 들어올 것입니다. 반면에 상대 팀의 응원자들에게는 우리 팀의 페널티가 더 많이 들어올 것입니다. 모두가 보고 싶은 것을 보기 때문입니다. 따라서 실제에 대한 우리의 인식은 그다지 믿을 만한게 못 됩니다. 그러므로 개인적인 경험에 근거한 믿음은 경계해야 합니다.

5. 잘못된 기억을 갖고 있습니다.

대부분의 사람들은 과거의 경험이 자신의 기억 속에 영구히 기록되어 있다고 생각합니다. 물론 모든 일을 기억해 낼 수 없다는 것은 알고 있습니다. 하지만 최면 같은 특별한 기술을 쓰면, 기억하지 못하던 일들도 기억해 낼 수 있다고 생각합니다. 그리고 자신의 기억을 확신하는 이들은 자신의 기억이 실제와 똑같다고 믿습니다.

그러나 기억도 변한다는 것을 보여주는 연구 결과들이 많습니다. 심지어는 실제로 일어나지 않은 일들에 대해서 새로운 기억을 자신에게 유리한 쪽으로 만들어내기도 합니다. 우리의 기억은 다분히 구축적입니다. 현재의 믿음과 기대, 환경, 암시적인 질문까지 과거의 경험에 대한 기억에 영향을 미칩니다. 그러므로 기억은 과거를 재구축하는 것이며, 재구축이 이루어질 때마다 기억은 진실에서 멀어진다고 할 수 있습니다. 기억은 시간과 함께 변화하며, 이런 기억들은 우리의 믿음과 결정에 중요한 영향을 미치는 것이죠.

위에서 토머스 기다가 지적하는 생각의 오류들 이외에도 인간이 범하는 오류와 실수들은 많습니다. 중요한 것은 우리가 하는 생각이 믿을만한 것인지를 자각하고, 이러한 오류들을 통해서 배우는 것입니다. 올바른 생각을 재구축하고 정립하여 잘못된 사고에 희생

되지 않는 일입니다.

> 대상을 있는 그대로 받아들이는 것은 위험하다. 그것이 '자
> 연스러움'을 가장하기 때문이다. 언어(기호)는 현실을 규정하
> 면서 특정 입장을 반영하는 이데올로기적 기능을 수행한다.
> 언어(기호)에 의해 구성되는 현실을 해체하고 문제 삼는 것
> 은 누구의 현실이 특혜를 누리고 또 누구의 현실이 억압받는
> 지를 드러내는 일이기도 하다. 언어(기호)에 대해 무관심한
> 것은 자신이 살고 있는 의미의 세계를 다른 사람이 지배하도
> 록 허락하는 행위다. -『미디어기호학』, 대니얼 챈들러 -

대니얼 챈들러의 말처럼, 우리는 다른 사람의 생각에 지배 받지
않기 위해 현상을 바로 볼 수 있는 혜안과 안목을 길러야 합니다.
그것은 읽고 생각하는 행위로 시작합니다. 다행히도 읽고 생각하는
능력은 훈련으로 길러질 수 있습니다. 기억해두어야 할 것은 읽고
생각하는 능력은 쓰지 않으면 퇴보한다는 점입니다. 인간이 도시문
명 속에서 사냥하는 방법을 잊은 것처럼 말입니다. 독서는 생각하
는 힘을 기릅니다. 끊임없이 '과연 그럴까'를 질문하는 것이 독서이
기 때문입니다. 지식의 홍수 시대를 맞아 우리는 생각하는 능력을
되찾아야 합니다. 그러지 않으면 지식은 무용지물이 되고, 우리의
삶은 빈약해질 것입니다.

"삼라만상이 언제나 눈에 보이는 것과 같은 것은 아니다"

|

파에드 루스

세상을 보는 다양한 관점

"콜럼버스가 어떤 일을 한 사람인가요?"

사람들에게 위와 같이 질문을 던지면 10명 중 8명은 다음과 같이 대답을 합니다.

"신대륙을 발견한 사람입니다."

과연 그럴까요? 지금으로부터 500년 전 포르투갈의 콜럼버스는 스페인 여왕 이사벨라의 지원을 받아 신대륙을 발견하기 위한 대항해를 떠납니다. 배에는 이탈리아인, 스페인인, 영국인, 유대인 등을 포함한 수십 명의 선원과 함께 각종 부식과 물건들로 가득 찼습니다. 해군 제독 크리스토퍼 콜럼버스는 거대한 배의 행렬을 구경하는 사람들의 시선을 한 몸에 받으며 배를 출항시켰습니다. 콜럼버스가 대항해에 나선 목적은 인도를 찾기 위해서였습니다. 당시 인도의 향신료는 유럽인들에게 엄청난 인기를 끌었고 금보다도 비싼 값으로 거래되었기 때문입니다.

항구를 떠난 배는 비교적 순조롭게 항해를 했습니다. 하지만 시간이 지나면서 선원들도 지쳐갔습니다. 콜럼버스는 다시 육지로 돌아가자는 선원들의 간청에 이제 곧 재물을 손에 쥘 수 있을거라며 선원들을 설득했다고 합니다. 우여곡절 끝에 마침내 선원들은 육지를 발견했습니다. 이 새로운 땅은 아메리카대륙의 일부분이었으나 콜럼버스와 그의 일행은 이곳이 인도의 일부라고 생각했습니다.

여기까지가, 대개 우리가 알고 있는'콜럼버스 신대륙 발견'에 대한 내용입니다. 생각한다는 것은 내가 가지고 있는 생각의 토대를 의심해 보는 일이라고 했습니다. 어떤 현상을 이해할 때 우리는 얼마나 객관적인 관점으로 판단하고 있는가라고 묻는 것이라고 했습니다. 그렇다면, 다음을 볼까요?

먼저, 콜럼버스는 고생 끝에 육지를 발견하고 그 곳이 신대륙이라고 선언했습니다. 그런데 정말 콜럼버스가 밟은 그 땅을 두고 '신대륙'이라고 할 수 있을까요? 그 곳에는 이미 수천 년 전부터 부족을 이루어 살고 있던 원주민들이 있었습니다. 이미 누군가가 문명을 이루어 살고 있는 땅을 발견한 누군가가 "나는 신대륙을 발견했다"라고 말한다면 원주민의 입장에서는 기가 막힐 노릇입니다.

　여기에서 중요한 것은 '신대륙'이라는 말은 콜럼버스와 유럽인들이 먼저 사용했다는 것입니다. 역사라는 것은 누군가의 기록입니다. 그렇다면, 우리는 역사를 기록하는 '그 누군가가 누구인가?'라는 질문을 품어야 합니다. 이는 현상을 보다 객관적인 시선으로 바라보고 판단하기 위해서입니다. 그렇다면, '신대륙 발견'은 누구의 관점에서 판단되고 기록된 것일까요? 그렇습니다. 바로 백인들, 유럽인들, 원주민들을 정복한 사람들의 입장에서 기술된 것이지요. 만약 원주민의 입장에서 이 사건을 기록하라고 한다면 분명 '신대륙 발견'이라는 말은 쓰지 않았을 겁니다. 아마도, '낯선 이방인의 침입'쯤으로 기록하지 않았을까요?

　그렇다면, 이 세상에서 읽혀지고 있는 책들은 어떤 사람들, 어떤 계층의 사람들이 쓴 것일까요? 우리는 책을 열심히 읽기는 해도, 정작 그 책이 누구에 의해서 쓰여졌는가는 별로 궁금해 하지 않는 것 같습니다. 하지만 어떤 판단을 하거나 결정을 할 때, 현상을 다각적으로 볼 수 있는 눈을 가져야 합니다. 어느 한 쪽으로 치우치지 않기 위해서입니다. 짐작했듯이, 이 세상에 현존하는 책들은 동양보다는 서양인들, 흑인과 황인보다는 백인, 여성보다는 남성에 의해서 쓰인 책이 훨씬 많습니다. 사회에서 주류계층에 위치한 사람들, 힘과 권력이 많은 사람들, 좋은 교육을 받으며 공부한 사람들이 대부분의 책을 쓴다고 봐도 무리는 아닙니다. 그렇다면, 우리는 어떤 관점으로 책을 읽어야 할까요? 그렇습니다. 우리는 '책을 쓰는 사람이 어떤 사람'인지 알아야 할 필요가 있습니다. 작가가 어떤 신념과 가치관으로 세상을 바라보는가, 작가의 반대편에 선 사람들은 어떤 사람들인가를 파악하면서 읽어야합니다. 책을 읽다가 보면 자신도 모르게 저자의 생각에 동조하고 지지하게 됩니다. 자신도 모르게 한 쪽으로 치우쳐지는 생각의 균형을 잡기 위해서는 하늘을 나는 '새의 위치'에서 책을 읽는 것이 필요합니다. 이제 더 이상 '몰랐다'라는 것이 미덕이 될 수 없습니다. 소크라테스는 '무지'가 세상에서 가장 큰 죄라고 말했습니다. '모른다'라는 것이 세상을 보는 자신의 눈을 가려 일을 그르칠 수 있다는 것을 항상 기억해야겠습니다.

앞서 이야기 했듯이, 이제까지는 아무 의심 없이 책에 나오는 '콜럼버스의 신대륙 발견'이라는 지식만을 배우고, 암기하고 넘어가는 경우가 흔했습니다. 이런 공부는 암기력에는 좋을지 모르나 사고력을 키우는 데는 도움이 되지 않습니다.

콜럼버스의 신대륙 발견을 두고 볼 때 그 과정에서 얼마나 많은 원주민들이 학살되었는지를 다루는 책들은 그리 많지 않습니다. 다루기는 다루되, 상대적으로 적게 다루거나, 아예 다루지 않는 경우도 많이 있습니다. 콜럼버스가 배 17척에 1,500명의 대선단을 이끌고 2차 항해를 떠났을 때 그곳에 도착하여 수천 명의 인디언들을 살육하고 노예화하는 만행은 잘 알려져 있지 않지요. 금을 채굴하는 과정에서 산출량이 신통치 않자 황금대신 본국에 노예를 보내기

도 했습니다. 그런데 우리는 콜럼버스의 도전 정신과 패기, 탐구심
이 세계사에 큰 영향을 미쳤다며 높게 평가합니다.

　우리가 책을 읽고, 어떤 현상을 바라볼 때 명심해야 할 것은, 세
상을 바라보는 데는 한가지의 관점이 아닌 다양한 관점이 있다는
것을 아는 것입니다. 100명의 사람이 있으면 100가지의 관점이 있
을 수 있다는 것을 인식하는 것이 필요합니다. 이렇게 한 현상을 두
고 나올 수 있는 관점을 찾아내고, 그들의 입장에서 생각해 보는 것
은 깊고 폭넓은 사고를 위해 꼭 필요한 훈련입니다.

"아무리 많은 지식을 축적한다고 해도 백과사전은 될 수 있을지언정
천재는 될수 없다. 천재는 지식이 아닌 지혜의 영역이기 때문이다.
인문고전을 읽는 일은 그 책을 쓴 천재들의 생각을 따라가는 것이다.
즉 지혜를 쌓는 일이요. 깨달음을 얻는 일이다. 천재가 되는 길이다."

|

알베르트 아인슈타인

분야별 책 읽기

어느 날, 소위 말하는 일류 대학에 다니는 학생이 "책을 어떻게 읽어야 하나요?"라고 물어왔습니다. 전 의아했습니다. 그렇게 좋은 대학에 다니는 학생이 할 만한 질문은 아닌 것 같았기 때문입니다. 저는 그 학생에게 되물었습니다. "그동안은 어떻게 책을 읽었나요?"라고 했더니 그 대답이 저를 더 놀라게 했습니다. 공부는 자신있지만, 독서는 생소하다고 했습니다. 그 학생은 그동안 거의 모든 책을 똑같은 방식으로 읽어 왔다고 했습니다. 독서는 공부를 하다가 머리를 식힐 때 읽었다고 합니다. 또 읽다가 재미가 없어지면 그만두는 방식으로 말입니다. 그래서 제대로 읽은 책이 거의 없다고 합니다.

그도 그럴 것이 우리는 그동안 '책 많이 읽어라'라는 말은 귀가 아프게 듣지만, '어떤 책을, 어떻게 읽어라'라는 말은 잘 듣지 못했습니다. 우리의 교육은 많은 지식을 재빨리 암기하고, 그 암기력을 테스트 받는 것으로 실력의 우열을 가려왔음을 부인하기 힘듭니다. 이제는 암기력보다는 사고력이 우위에 서는 시대입니다. 넘쳐나는 지식과 정보를 많이 알고 있는 것이 중요한 것이 아니라, 필요한 지식과 정보를 골라내어, 조합하고 편집하여 활용 가능한 독창적인 아이디어로 산출해 낼 수 있는 능력이 필요합니다. 당연히 분야별로 책을 읽는 방식부터 달라져야하고 정보를 처리하는 방식의 변화도 필요합니다. 지식과 정보가 가득 담긴 책을 문학의 예술을 음미하듯 읽으면 곤란합니다. 책의 종류에 따라 독서로 얻을 수 있는 유용함을 살펴야합니다.

문학

문학은 인간과 그 삶을 자세히 들여다보고 그 정서를 시나 소설 등의 형식으로 언어화해서 보여줍니다. 인간은 태어나서 죽을 때까지 서로 사랑하고 미워하고 질투하며 살아갑니다. 어느 누구도 인간이 느끼는 이런 감정들에서 자유로울 수 없습니다. 타인과 관계를 맺으면서 살아야하는 인간은 그 인간이 가진 속성들을 알 필요가 있습니다. 문학은 타인을 이해하고 공감하기 위한 마중물입니다. 이는 결국 자신에 대한 이해로 귀결됩니다.

문학은 은유와 상징의 집약체입니다. 문학에서 주인공의 감정이 그대로 드러나는 경우는 드뭅니다. 등장인물이 엄청난 고통 속에서 슬픔을 느꼈다라고 해서 단순히 '슬펐다'라고 쓰지 않습니다. 김훈의 소설을 보면 등장인물들의 심리 묘사 중에 기뻤다, 슬펐다, 즐거웠다 이런 표현이 거의 없습니다. 감정의 절제를 보여줍니다. 작가는 '보여주지 않으면서 보여주려고'하는 사람입니다. 헤밍웨이의 『노인과 바다』도 마찬가지입니다. 노인의 느끼는 절망과 패배감의 감정을 드러내지 않습니다. 그렇지만 독자들은 오히려 그런 무덤덤한 문체에서 그 인물이 느꼈을 고통을 읽습니다. 왜 그럴까요? 이는 바로 상상으로 가능한 일입니다. 작가가 보여주지 않는 것을 독자의 상상력으로 밀고 나가는 것입니다. 문학은 모든 '상상력'을 동원하여 읽어야 합니다. 등장인물, 사건, 배경은 물론이고 작가가 은폐시키면서 궁극적으로 보여주고자 하는 의미들을 나름의 눈으로 볼 줄 알아야 합니다.

> 지금 여기에 있는 것, 벽과 마이크 등은 앞 못 보는 분이 아니면 다 아는 것이지요. 이게 뭐냐고 물어보면 똑같이 벽이라고 답변하겠지요. 이건 문학이 아닙니다. 그런데 내가 불현듯 이 벽 너머에 무엇이 있습니까? 하고 물을 수 있습니다. 그러면 여러분의 대답은 다 다를 것입니다. 문학은 저 벽 너머에 있는 것입니다. 문학이 삶을 쓴다고 해서, 누구나 다 똑같이 보는 벽이나 마이크를 그리는 것이 아니고, 우리의 상상력으로 저 벽 너머의 세계를 보는 것입니다. 어둠 뒤의 세계, 코를 보는 게 아니고 코 속에 있는 모종의 자의식을 보는 것입니다. -『문학이란 무엇인가』, 소설가 박범신 -

"문학은 지어낸 이야기인데, 그 허구의 이야기를 읽고 상상을 하는 게 무슨 쓸모가 있을까"라는 말을 들을 때가 종종 있습니다. "문학책을 읽고 등장인물의 감정을 공감하고 상상하는 것이 어떤 이득이 있나"라고 묻기도 합니다. 그럴 때 저는 이렇게 되묻습니다. '그럼에도 불구하고' 문학을 읽는 이유를 찾는 다면 그야말로 값진 쓸모가 아닐까요? 라고 말입니다. 저마다 '쓸모'를 쫓아가는 세상에서 진정한 '쓸모'가 무엇인지 생각한다면 말입니다.

역사

『역사란 무엇인가』를 쓴 E.H카는 "역사는 과거와 현재의 대화다"라고 했습니다. 과거와 현재가 대화를 하는 이유는 미래를 준비하기 위해서입니다. 앞으로 나아가기 위해서는 그동안 걸어온 길을 되돌아보는 것이 필요하기 때문입니다. 과거의 발자취를 거울삼아 잘못된 것은 바로잡고, 잘한 것은 지침으로 삼아 보다 지혜롭게 앞으로 갈 수 있는 것이죠. 역사란 지금 현재를 잘 살 수 있게 해주는 길잡이 역할을 합니다. 이 과정에서 인간이 보편적으로 추구해야 할 의미와 가치가 무엇인가라는 것을 생각해보게 됩니다. 과거를 잊고 살아간다면 얼마나 끔찍할까요? 단재 신채호 선생은 "과거를 망각하는 민족은 과거를 되풀이 하게 되어있다."고 했습니다. 인간은 앞으로 나아가기 위해서라도 뒤를 돌아보아야 하는 것입니다.

우리는 기록을 통해 역사를 알게 됩니다. 그렇다면, 그 역사를 기록한 주체가 누군지를 아는 것도 역사책을 읽을 때 분명히 따져봐야하는 부분입니다. 기록된 역사는 해석이 가미될 수밖에 없기 때문입니다. 그 과정에서 사실이 은폐되고, 왜곡될 수 있습니다. 역사는 과거의 기록이기에 그 당시에 과연 어떤 일이 일어났는지를 정확히 알기란 매우 어렵습니다. 역사는 언제나 사실의 불확실성을 품고 있는 것입니다. 그래서 기록된 역사의 내용을 그대로 수용하는 것이 아니라 끊임없이 그 사실의 진위여부에 대한 의심을 품고 질문을 던지면서 읽어야 하겠습니다.

역사가마다 한 사건을 바라보는 시각이 다를 수 있습니다. 책을 쓴 역사가가 어떤 관점으로 저술을 했는지 파악해야 합니다. 역사가들은 자신이 처한 시대와 배경에 영향을 받습니다. 따라서 어떠한 사건에 대한 역사책을 읽을 때는 다른 관점으로 쓴 글을 읽는 것이 좋습니다. 그렇다고 역사를 진실을 파헤치고 알기 위해서만 읽는 것은 아닙니다. 앞서 언급했듯이, 역사책 읽기의 의미는 과거를 통해서 오늘날 인간이 어떻게 생각하고 행동해야 하는지를 배워야 합니다. 정리하자면, 역사책은 시대의 흐름을 파악하고, 의문을 품으면서, 그를 통해 어떤 깨달음이나 교훈을 찾으면서 읽는 것이 바람직합니다.

철학

철학은 '인간과 세계에 대한 근본 원리와 삶의 본질'을 탐구합니다. 이를 위해서는 인간과 세계가 어떻게 작동하고 변화하는지를 자세히 들여다보고 관찰해야 합니다. 철학은 바로 어떤 변화를 알아채고 보다 나은 삶을 살기 위한 지침을 제공합니다. 그래서 철학의 기본은 '생각하기'입니다. 인간과 세계가 어떤 방향으로 흘러가는지 알기 위해서는 즉, 전과 후의 변화를 감지하기 위해서는 진득하게 지켜봐야 합니다. '철학을 한다'라는 것은 '생각한다'라고 봐도 무방한 것입니다. 이어서 '생각한다'라는 것은 '질문하고 답을 구한다'로 말할 수 있습니다. 어떠한 현상에 대해 생각하기 시작했다는 것은 그 이전과 다른 의문이 생겼다는 의미이고 그 의문에 대한 답을 찾아가는 과정이 바로 '생각한다'이기 때문입니다. 따라서 철학자들은 '생각의 달인'들 입니다. 이는 남들보다 더 깊이 생각하는 훈련을 계속했기 때문에 생긴 능력입니다. 과학자들은 실험이나 연구로 질문에 대한 답을 실증적으로 찾지만 철학자들은 오로지 생각하는 것으로 답을 찾습니다.

철학자 고병권은 '생각한다는 것은 새롭고, 다른 것'이라고 말합니다. 남들과 똑같이 생각하고 말하는 것은 생각이 아니라고 말합니다. 내 머릿속에서만 나올 수 있는 독창적인 그 무엇. 그것이 생각입니다. 책을 읽음으로써 자신이 가지고 있던 생각이 달라졌다거나, 어떤 새로운 아이디어가 떠올랐다는 것은 생각을 잘하고 있다는 증거입니다.

철학 책을 읽을 때도 마찬가지입니다. 철학자가 던지는 질문에 대해서 끊임없이 자신만의 답을 찾기 위해 노력해야 합니다. 이때 필요한 것은 '왜'라는 질문입니다. 훌륭한 철학자가 쓴 책이라고 해서 무조건 수용하는 태도는 바람직하지 않습니다. 의구심을 품고 끊임없이 '왜'라는 질문을 던질 줄 알아야 합니다. 질문에 대해 성숙한 사고로 답을 찾을 수 있어야 합니다. 한 가지 더 강조하고 싶은 것은 철학책은 '반복'해서 읽어야 합니다. 독서가들은 100번 이상 반복해서 읽는 철학책이 한 권쯤은 있습니다. 이는 그만큼 철학이 전하는 메시지가 단순하지 않다는 것을 의미합니다. 읽고 또 읽고, 보다 철저하게 읽다가 보면 스스로 깨달음의 경지에 다다를 수 있을 것입니다. 마침내 책의 의미와 가치가 담긴 큰 호수를 발견하리라 믿습니다.

사회

사회책은 현실을 그대로 반영합니다. 인간 사회의 체계적인 지식을 추구하는 분야로 정치, 경제, 법, 교육, 경영, 행정, 환경 등을 포괄합니다. 더불어 살아가는 사람들의 삶에 대한 문제들을 포착하여 보여주는 분야입니다. 사회과학 저술가들은 대개 책을 쓸 때 확고한 문제의식과 이에 대한 객관적인 자료를 근거로써 주장을 뒷받침합니다. 자신의 주장을 뒷받침해주는 근거들의 설득력을 높이기 위해 보다 정확한 글쓰기를 합니다. 그래서 독자들은 사회과학 책을 읽기가 다른 분야의 책읽기보다 쉬울 수 있습니다. 저자의 주장의 근거를 검증하면서 읽으면 되기 때문입니다.

따라서 사회과학 책을 읽을 때는 세 단계의 분석적 책읽기를 해야 합니다. 첫째, 저자가 제시하는 문제의식이 현실 사회에서 논의할 만한 가치가 있는지 살펴보고 둘째, 주장을 뒷받침하는 근거에 대한 타당성을 따져보아야 하며 셋째, 저자가 제시한 주장과 근거에 대한 문제나 한계는 없는지를 생각해봐야합니다.

사회과학 책은 이전에는 미처 알아채지 못했던 사회적 문제들을 인식하고 바라볼 수 있는 눈을 키워줍니다. 예컨대 장하준의 『나쁜 사마리아인들』은 신자유주의 경제 체제 속에서 부자 나라들의 횡포 속에 더욱 가난해지는 개발도상국들의 실체를 보여주었습니다. 김찬호의 『모멸감』은 한국 사회에서 뿌리 깊이 박혀있는 감정에 대한 폭발이 어떻게 사회적 문제로 발현되는가를 지적했습니다. 이처럼 사회과학 책은 우리가 놓칠 수 있는 부분을 지목하고 더 나은 방향으로 나아갈 길을 제시하는 역할을 합니다.

인간의 육체는 계속 성장해 가다가 성인이 되면 멈추게 됩니다. 그러나 정신은 계속 성장 발전시킬 수 있습니다. 바로 인간의 정신은 한계점이 없이 죽을 때까지 성장합니다. 그런데 이런 정신은 가만히 있는다고 저절로 성장하는 게 아니라 읽고, 생각하기를 게을

리 하지 않을 때 가능합니다. 정체된 정신은 혼탁해지고 자신을 일
그러뜨릴 수 있습니다. 그러니 끊임없이 읽고, 생각해야합니다. 여
러 분야의 책을 골고루 읽다가 보면 어느 순간 세상과 세계를 보는
나름의 시각이 생겨나게 되고 어떤 현상에 대해 자신만의 관점으로
정의를 내릴 수 있는 순간을 경험하게 됩니다. 독서의 양과 질적 축
적이 임계점에 이르면 자신의 세계관을 형성하게 됩니다. 그야말로
독서 자신의 내면을 만들어가는 과정에서 꼭 필요한 궁극의 행위입
니다.

"언어가 인간이라는 종에 어떤 영향을 끼쳤는지
완전히 이해하지 못하는 한, 우리 자신도 세계도 이해할 수 없다.
언어는 분명 인간이라는 종을 만들고 우리가 사는 세계를 만들었다."

|

데릭 버커턴

생각하는 방법을 배우는 독서

언제부터인가 지하철을 타면 펼쳐지는 풍경이 있습니다. 대부분의 사람들이 '스마트폰'을 들여다보고 있다는 사실입니다. 스마트 폰으로 드라마와 영화를 보거나, 카톡을 하거나, 페이스북을 하고 게임을 합니다. 이메일을 확인하고, 스케줄을 정리하기도 합니다. 현대인들은 하루 종일 스마트폰을 끼고 삽니다. 여기서 그치는 것이 아닙니다. 화장실이나 잠자리에 까지 스마트폰이 쫓아다닙니다. 스마트폰이 현대인들의 생각과 행동을 지배한다고 해도 무리가 아닙니다. 정보통신의 발달이 사람들의 생활을 예전과는 비교할 수 없을 정도로 편리하게 해줬을지는 몰라도, 사람들이 조용히 스스로 사고할 수 있는 능력은 빼앗아가고 있습니다. 똑똑한 기계가 생겨났는데 그것을 쓰는 사람들은 더 영리해지지 못하는 참 아이러니한 현상입니다. 스마트폰에 매몰된 이런 현상을 좋게 바라보는 현대인들은 많지 않을 것입니다. 그렇다고 '스마트폰'이 없었던 그 이전의 삶으로 돌아갈 수 도 없는 노릇입니다. 그렇다면 우리는 어떻게 해야 할까요?

맞습니다. 우리가 염두해야 할 점은 '기술의 진보'가 아니라 기술을 '어떻게 활용하는가'라는 것입니다. 이는 생각하는 힘이 있을 때 가능한 것입니다. 먼저 과다한 스마트폰 사용으로 우리가 무엇을 잃게 되는지, 얻는 것은 무엇인지를 자각해야 합니다. 이 모든 걸 판단하고 결정하는 '사고능력'이 중요함은 아무리 강조해도 지나치지 않습니다.

정통 인문학자 김용규는 『생각의 시대』에서 생각의 중요성을 말하고 있습니다. 그는 이미 지식의 시대는 끝났다고 말합니다. "우리는 자고 일어나면 지식과 정보가 폭발적으로 늘어나는 시대에 살고 있습니다. 세상의 모든 지식은 전부 인터넷으로 들어갔습니다. 사흘마다 두 배씩 증가하는 지식을 모두 머릿속에 넣는 것은 불가능하고, 그럴 필요도 없습니다"라고 말합니다.

"이제 우리의 관심은 어떻게 격변하는 환경을 꿰뚫을 수 있는 보편적이고 거시적이며 합리적인 전망과 판단을 획득할수 있으며, 또 어떻게 그에 합당한 새로운 지식을 만들어내는 사고능력을 확보할 수 있느냐에 쏠려 있다." -『생각의시대』, 김용규, 살림 -

지식의 양보다는 나에게 필요한 지식과 정보를 선택하여 디자인 하여 독창적인 결과물을 도출해 낼 수 있는 창의적 사고력이 무엇 보다 중요합니다. 책은 언어로 기술된 인간 사고의 집적물입니다. 즉 인간의 사고는 언어로 구성되었음을 의미합니다. 바꿔 말해 말 과 글은 인간의 표현 수단인 동시에 사고를 단련하는 도구입니다. 인간은 자신이 주로 쓰는 언어로 사고를 단련할 수 있습니다. 예컨 대, 한국 사람은 영어로 잘 생각하지 못합니다. 마찬가지로 미국 사 람도 한국말로 머릿속에 어떤 관념들을 상상할 수 없죠. '언어=사 고'라는 개념은 인간이 언어를 단련하고, 가다듬는 훈련이 인간의 사고를 형성하고, 발달시키는 과정이라고 볼 수 있습니다. 우리가 책을 읽고, 생각하고 이를 글로 쓰는 활동이 바로 창의적 사고력을 신장시키는 최고의 훈련법인 셈입니다.

빌 게이츠가 자신의 아이들에게 컴퓨터 사용 시간을 제한 한다 는 것은 이미 알려진 사실입니다. 빌 게이츠는 바쁜 스케줄을 소화 하면서도 반드시 지키는 원칙이 하나 있다고 합니다. 1년에 한번은 '생각의 한주'라는 기간을 갖고 다른 것은 하지 않고 책 읽기를 실 천한다고 합니다.

사고력 신장을 위한 독서를 위해서는 쉽게 책장이 넘어가는 책 보다는, 깊이 생각해야 그 의미를 짐작할 수 있는 책이 좋습니다. 읽어서 단번에 이해가 되는 책은 사고를 요구하지 않기 때문입니 다. 책에 담긴 보이지 않는 함의를 찾아내는 즐거움은 책을 깊이 있게 읽는 사람에게만 주어지는 기쁨이기도 합니다.

"자신의 능력 안에 있는 책은 읽어도 실력이 늘지 않는다. 능
력 밖에 있는 책, 당신의 머리를 넘어서는 책을 붙잡아야 한
다. 그래야만 정신을 확장시킬 수 있다. 그렇지 않으면 배울
수 없다." - 모티머 J. 애들러 -

이를 위해서는 책의 권위에 기죽지 말고 나름의 방식으로 해석
하여 새로운 의미를 발견하는 능동적 독서가 필요합니다. 책을 읽
고 책의 내용과 의미에 대해 나의 생각을 덧붙여야 새로운 창조물
이 나오게 됩니다. 그래야만, 공들여한 독서가 내 것이 되는 것이
죠. 바로 독서를 하는 행위는 생각하는 방법을 배우는 최고의 공부
입니다.

우리가 염두해야 할 점은
'기술의 진보'가 아니라 기술을
'어떻게 활용하는가'라는 것입니다.
이는 생각하는 힘이 있을 때
가능한 것입니다.

"높은 곳에 오르면 마음이 밝아지고,
맑은 냇물에 몸을 적시면 속세를 떠난 것 같으며,
눈 오는 밤 독서에 잠기면 기쁨과 즐거움이 가득 찬다."

|

채근담

왜 고전을 읽는가

'고전(古典)'은 오랜 시간을 견디고 살아남은 책을 말합니다. 그만큼 많은 사람들에게 널리 읽히고 있다는 의미입니다. 저에게는 고전하면 떠오르는 일화가 있습니다.

20대 시절 산을 좋아하는 친구를 따라 등산을 시작했습니다. 처음에는 '산에 올라가서 뭐하나, 정상을 밟는다고 산이 옮겨지는 것도 아니고, 세상이 바뀌는 것도 아닌데'라고 투덜거렸습니다. 그러면서도 매번 친구를 따라나선 걸 보면 등산이 싫지는 않았나 봅니다. 그러던 어느 날, 속리산을 오를 때였습니다. 우리의 목표는 속리산 정상인 '문장대'였습니다. 버스에서 내려 곧게 뻗은 가로수길 끝에 있는 법주사를 지나 본격적인 등산이 시작되었습니다. 끝도 없이 반복되는 오르막과 내리막에 슬슬 짜증이 나면서 지쳐갈 무렵,

마음속에서 갈등이 생겨났습니다. '계속 갈까? 그냥 돌아갈까?' 갈팡질팡 하는 도중에도 나는 '다시 내려가야만 하는 이유'를 백만 스물 두개 이상 찾으려고 애쓰고 있었습니다. 그러다 내린 결론은 '문장대를 밟아보자'였습니다. 너무 힘이 들어 다시 내려가고 싶은 마음은 굴뚝같았지만, 중간에 포기하고 가면 두고두고 후회할 것만 같았기 때문입니다.

'문장대에 오르면 다시는 산에 오지 않겠다!'라는 굳은 결심을 하고 산행을 이어가는데, 두 번째 복병이 나타났습니다. 문장대에 다다르기 직전에 있는 일명 '깔딱 고개'입니다. 경사가 거의 90도(?)에 이르는 이 고개를 오르기 위해서는 좀 과장을 한다면 거의 암벽을 타야했습니다. 여기까지 왔으니 이미 돌아가는 것은 불가능한 일. 이제 죽으나 사나 문장대로 갈 수밖에 없는 운명이었습니다. 내가 산을 타는 건지, 산이 나를 끌고가는 건지 모를 사투가 시작되었습니다. 두세 발짝을 떼고 숨을 헐떡거리고 문장대가 있는 하늘의 정상을 올려다보기를 반복했습니다. 누가 보면 제 모습이 지옥 불에 떨어지는 것 같았을 겁니다. 발은 땅을 딛고 있지만 나의 시선은 온통 정상만을 올려다보고 있었지요. '언제 정상에 오르나'라는 마음뿐이었습니다. 그런데 나의 뒤에서 산을 오르는 스님이 한 분 계시다는 걸 알았습니다. 생각해보니 우리 일행과 스님은 앞서거니 뒤서거니 하면서 산행을 하고 있었습니다. 호기심이 발동해 스님께 질문을 던졌습니다. 분명 스님도 힘드실텐데 내 질문에 뭐라고 답변을 하실지 궁금하기도 했습니다.

"스님, 산에 쉽게 오르려면 어떻게 해야 하나요?"

스님의 대답이 압권이었습니다.

"그렇게 정상만을 쳐다보지 말고 발등을 쳐다보면서 가세요"

저는 둔중한 해머로 머리를 강타 당한 느낌이었습니다. 물론 그 당시에는 스님의 말씀이 의미 있게 다가오지는 않았습니다. 너무 힘들었으니까요. 하지만 분명한 것은 충격을 받았고, 지금까지 잊지 않고 마음에 새기고 있다는 점입니다. 그 이후로, 저는 산에 오를 때 정상을 쳐다보지 않고 내가 발 딛고 있는 땅, 땅에 있는 풀, 기어 다니는 개미, 나무뿌리, 등산화를 신은 발등을 쳐다 보며 등산을 하는 습관이 생겼습니다. 저의 시선은 항상 먼 곳이 아닌, 가까운 곳에 머뭅니다. 흥미로운 것은 가까운 곳을 쳐다봄으로써 산행이 더 좋아졌고 재미있게 느껴졌다는 점입니다.

지난 일을 길게 말하는 이유는 바로 힘들게 오르는 산이 '고전 읽기'와 다르지 않기 때문입니다. 고전은 읽어내기 위해 혹은 정복하여 성취감을 맛보기 위한 '정상'이 아니라, 내 삶을 가까이 들여다볼 수 있는 '발등'과도 같은 책이라는 생각입니다. 우리의 행동은 정상에 오르고 있는 것이지만, 그 시선은 발등에 머물러야만 합니다. 왜 그럴까요? 멀리 있는 것은 자세히 보지 못합니다. 자세히 보지 못하는 것은 잘 알지 못합니다. 하지만 가까운 것은 유심히 들여다 볼 수 있고, 새롭게 알게 되고, 다른 것을 발견하게 됩니다. 인생의 비의는 정상에 있는게 아니라 발등에 있는 것입니다.

하지만 정상에 오르는 길은 험난하고 멀기만 합니다. 언제 제 모습을 드러낼지도 모르고, 끝내 정상을 보여주지 않을지도 모릅니다. 하지만, 내 발등을 쳐다보듯 묵묵히 고전을 읽다 보면, 남들에게는 보이지 않는 삶의 정수를 발견하는 일도 생겨납니다. 이는 남들과 다른 눈으로 세상을 볼 수 있다는 의미입니다. 남과 다른 눈은 남과 다른 삶을 살 수 있다는 뜻 아닐까요? 여기에서 스님과 같은 존재는 함께 산길을 가는 친구 같은 존재입니다.

이탈리아 소설가 이탈로 칼비노는 『왜 고전을 읽는가』에서 "고전은 그것을 읽을 수 있는 사람에게만 풍부한 경험을 준다"라고 했습니다. "설령 어린 시절에 읽은 책의 내용을 거의 기억하지 못하거나 전혀 떠올릴 수 없다고 해도, 성인이 되어 책을 다시 읽으면서 내면에 자리 잡고 있는 변치 않는 핵심들을 재발견하게 해준다. 기억 속에서 사라질지 몰라도 어린 시절의 독서 경험은 특별한 잠재력을 품고 있을 뿐만 아니라, 우리에게 그 씨앗을 남겨둔다."라고 말합니다. 고전을 읽어야 하는 이유는 이것만으로도 충분하지 않을까요? 고전 읽기는 내면의 씨앗을 심는 일입니다. 그것이 자라서 만개하기를 기다리면 되는 것이죠.

여기에 덧붙이자면, 고전의 가치는 '상상력'에서 찾을 수 있습니다. 문화와 문명은 인간이 생각해 낸 상상력의 산물입니다. 인간은 인간이 상상하는 것만큼만 삶으로 구현해 낼 수 있습니다. 우주에 여행을 갈 수 있게 된 것도 상상을 했기에 가능했습니다. 인간이 상상하지 못한 것은 현실로 나타나지 않습니다. 바꿔 말해, 이는 인간은 인간이 상상할 수 있는 만큼만 경험할 수 있지 않을까요? '상상한 만큼'만 살 수 있다는 의미 아닐까요? 상상력이 얼마나 중요한지 알 수 있습니다.

고전은 인간의 상상력을 견인합니다. 인간은 누구도 자신의 삶을 초월하여 살 수 없습니다. 과거로 돌아갈 수 없으며, 미래를 당겨서 살아 보는 것도 불가능합니다. 하지만 고전은 이것을 가능하게 합니다. 고전은 현실을 보여주면서 현실을 초월합니다. 헤밍웨이는 『노인과 바다』에서 "인간은 파멸할 수는 있을지언정 패배하지는 않아"라고 했습니다. 이 문장을 접한 사람은 어떤 생각이 들까요? 도대체 '인간에게 파멸이란 무엇인가, 왜 인간은 패배하지 않는다는 것일까'를 상상하고 나름의 진리에 도달하게 됩니다. 고전을 읽고 상상을 하는 인간은 현재적 인간입니다. 과거의 인간도 미래의 인간도 아닌 바로 지금 이 순간에 인간이 사유를 하고 있는 것입니다. 따라서 고전을 읽는다는 것은 현실과 미래가 만나는 공간으로 들어가는 것입니다. 고전은 현재적 인간에게 미래를 미리 살아보는 경험을 선사합니다.

〈독서토론〉의 꽃, 논제 발제법

"크게 의심하는 바가 없으면, 큰 깨달음이 없다."

|

실학자 홍대용

　'독서동아리'에서 '어떤 주제로 토론을 할 것인가'는 중요한 문제입니다. 회원들마다 소중한 시간을 내어 모임에 참여하는 만큼 '독서토론'은 의미 있는 시간으로 채워져야 합니다. 책과 관련 없는 이야기나, 개인적인 사담으로 흐르는 것을 방지하기 위해 꼭 필요한 것이 '논제가 있는 독서토론'입니다.

　'논제'란 책에서 토론을 할 만한 주제를 뽑아 만든 질문을 말합니다. 논제를 중심으로 한 토론을 하다가 보면 제한된 시간을 보다 효율적으로 사용할 수 있습니다. 또한 책을 보다 깊이 있게 이해할 수 있으며, 책과 관련한 참여자들의 다양한 경험을 공유할 수 있습니다. 책을 읽을 때 자신이 놓친 부분을 확인할 수 있으며, 책의 이면을 들여다보는 기회가 됩니다.

따라서 독서토론에서 '논제 발제'는 굉장히 중요한 부분을 차지합니다. 논제에 따라 그날의 독서토론의 성패가 판가름나기 때문입니다. '논제 발제'는 회원들이 돌아가면서 순서를 정해서 뽑아보는 것도 좋고, 진행자가 발제를 해도 됩니다. 회원들이 토론해보고 싶은 논제를 한 개씩 발제를 하고 모여서 토론을 하는 것도 방법입니다.

논제가 있는 독서토론은 독서의 목적을 달성하게 합니다. 독서는 책을 통해 자신을 알고, 타인을 이해하며, 나아가 세상에 대한 인식의 지평을 넓히기 위한 활동입니다. 이는 개인의 가치관을 확립하게 하고 나아가 주체적인 삶으로 구현됩니다. 우리는 논제를 통해 깊이 있게 생각하는 훈련을 할 수 있습니다. 따라서 독서토론의 논제를 발제 할 때는 '자신-타인-세상'이라는 단계로 구성하는 것이 바람직합니다.

먼저, 책이 자신에게 어떤 의미가 있는지 자신의 경험을 비추어 돌아볼 수 있는 논제를 만듭니다. 그 다음으로 책을 통해 다양한 인간의 군상을 관찰할 수 있는 논제를 뽑습니다. 책을 통해 자신과 타인에 대한 이해의 시각을 길렀다면 이를 바탕으로 세상을 인식하여 총체적인 자신의 가치관을 정립할 수 있는 논제를 만듭니다. 여기에 더해, 책의 주장과 반대되는 논제로 비판적 사고력을 높이고, 책을 통해 이 시대의 관습과 통념을 깨거나 뛰어넘는 논제로 기존에 가지고 있던 편협한 사고방식이나 고정관념을 되돌아 볼 수 있는 논제를 뽑습니다. 마지막으로 책이 가진 가치를 평가하는 논제로 통합적인 사고를 하면서 마무리를 하는 것이 좋습니다. 이를 정리하면 다음과 같습니다.

다음은 제가 수년간의 현장 경험을 통해 정리해 본 '논제 발제'의 기준입니다.

■ 논제의 유형과 예시

1. 책을 읽은 소감
편안하고 유쾌한 분위기 속에서 독서토론을 시작합니다. 인사를 나누고 '책을 읽은 소감'을 이야기 합니다. 이때 '인상적인 부분'도 함께 이야기 합니다.

> 여러분은 이 책을 어떻게 읽으셨나요? 읽은 소감을 나눠주세요.

2. 책과 관련한 경험
책과 관련해서 직·간접 경험을 들으며 회원들 간의 공감대를 형성합니다.

> 책과 관련하여 생각나는 경험이 있다면 이야기해 봅시다.

3. 책의 내용을 이해할 수 있는 논제

책을 다 읽지 못한 회원은 책의 내용을 알게 하고, 책을 읽은 회원은 책의 내용을 다시 한 번 떠올리고 정리할 수 있도록 책의 핵심 줄거리를 자유롭게 이야기 합니다.

> 책의 핵심 내용은 무엇인가요? (문학은 줄거리, 비문학은 저자의 주장)

4. 책을 통해 자신을 돌아보는 논제

『단』이지훈, 문학동네, 2015.

저자는 "지구상에 우리와 완전히 똑같은 사람은 단 한명도 없다. 우리의 존재 의미는 바로 그 다름에 있고, 우리의 소명은 자신만의 다름, 다시 말해 정체성을 찾아내 세우고 만개시키는 것"(p.66)이라고 말합니다. 여러분에게 있는 '자신만의 고유한 잠재력'은 무엇인지 생각해 봅시다.

〈발췌문〉

당신이 세상에서 태어남과 동시에 씨앗 하나가 심어진다. 그 씨앗은 바로 당신만의 독특한 고유성이다. 그 씨앗은 자라고, 스스로의 모양을 바꾸고, 최대한 아름다운 모습으로 피어나기를 원한다. 씨앗은 그 안에 본래적이고 적극적인 에너지를 품고 있다. 당신 인생의 과업은 그 씨앗을 피워 꽃을 피우는 것, 일을 통해 당신만의 고유성을 표현하는 것이다. 당신은

잠재력을 발휘하고 꽃을 피워낼 운명을 갖고 있다. (p.67)

5. 책을 통해 타인과 사회를 관찰할 수 있는 논제

『레미제라블1~5권』 빅토르위고, 민음사, 2012.

장발장은 빈궁한 현실에서 자신이 도둑질을 할 수 밖에 없었던 이유를 다음과 같이 말합니다.

> "이 불행한 사건에서 잘못은 나 한 사람에게만 있는가? 먼저, 노동자인 나에게 일거리가 없었고, 부지런한 나에게 빵이 없었던 것은 중대한 일이 아닌가? 다음으로, 과오를 범하고 자백하기는 했지만, 징벌이 가혹하고 과도하지는 않았던가? 범죄인 쪽에서 범행에 잘못이 있었던 것보다도, 법률 쪽에서 형벌에 더 많은 잘못이 있었던 것은 아닌가" – 본문 중에서 –

여러분은 장발장의 이러한 주장에 대해 어떻게 생각하시나요?

6. 책의 주장과 반대되는 의견을 제시하는 논제

『독서천재가 된 홍대리』 이지성 · 정회일, 다산북스, 2014.

저자는 '자기계발서 독서법'을 제안합니다. "목숨 걸고 읽었다. 그렇게 독서하니 눈이 열리고 심장이 열리고 영혼이 열렸다. 옥탑방에서 무릎 꿇고 자기계발서를 읽으면서 치솟는 감동을 이기지 못해

뜨거운 눈물을 흘렸던 그 순간들이 지금도 기억에 선하다."(p.243)
고 고백합니다. 하지만 자기계발서 독서에 대한 우려를 보내는 시
각도 있습니다. 사회학자 노명우는 "자기계발서의 독자는 성공하지
못한 사람뿐이다."라며 자기계발서의 폐해를 다음과 같이 지적합니
다. 그렇다면 여러분은 "자기계발서 독서"가 필요하다는 저자의 주
장에 공감하십니까?

〈발췌문〉
"새로운 독서법은 자기계발서 독서에서 특히 빛을 발했다.(내
가 말하는 '자기계발서'는 첫째 위인들의 자서전, 전기, 평전 둘째 자
기계발서 고전, 셋째 우리시대 성공자들의 자서전을 말한다.) 미래에
대한 부정적인 감정이 몰려올 때마다 그것을 이기기 위해 자
기계발서를 읽었다." (p.243)

"누구나 성공할 수는 없다. 현실은 냉혹하다. 누구나 도달할 수
있는 경지라면, 그것은 더 이상 성공이 아니다. 자기 계발서는
성공을 보장하는 책이 아니라, 심리적 위안을 선물하는 책이다.
역설적으로 자기계발서의 독자는 성공하지 못한 사람뿐이다.
성공한 사람들은 자기 계발서를 읽지 않고도 성공했다. 성공에
는 현실의 원리들이 적용된다. 재벌 2세의 아들은 아무리 낭비
벽이 있어도 가난뱅이가 될 수 없고, 가난뱅이는 아무 리 근검절
약해도 아파트를 살 수 없다." - 『세상물정의 사회학』, p.126 -

『프레임』최인철, 21세기북스, 2011.

저자는 행복한 사람들은 다른 사람과 관계를 잘 맺는 사람이라고 아래와 같이 설명합니다. 심리학 연구들은 행복은 '어디서'의 문제가 아니라 '누구와'의 문제임을 밝혀준다고 합니다. 하지만 일본의 저널리스트이자 〈동양경제〉 편집장은 자신의 책에서 차세대 리더의 조건으로 '고독과 견디는 힘'을 제시합니다. 고독이란 혼자서 조용한 시간을 보내는 것에 대한 자신감과 편안함이며, 인생에서 일어나는 일을 신념을 가지고 관철시키는 힘은 고독을 견디는 힘에서 나온다고 설명합니다. 행복한 인생을 살기 위한 '프레임'을 설정함에 있어서 관계의 다양성과 고독력 중 어느 것이 더 중요하다고 생각하시나요?

〈발췌문〉

최고로 행복한 사람들은 그렇지 않은 사람들에 비해 혼자 있는 시간이 적었고, 사람들을 만나고 관계를 유지하는 데 많은 시간을 할애하고 있었다. 그들은 늘 다른 사람과 함께 있을 정도로 관계가 풍성했으며, 친구들 사이에서도 인간관계가 매우 좋은 것으로 평가 되었다. (p.200)

미즈시마 히로코의 『고독력으로 혼자라는 괴로움이 사라진다』는 만들어진 자신이 아닌 있는 그대로의 자신이 이어져 있다는 감각을 갖지 않으면 다른 사람들과 함께 있어도 고독을 느끼게 된다고 말한다. 그는 고독력만 있으면 혼자 있을 때의 시간도 향상되면서 자유가 넓어지고 대인관계의 질도 좋아지기 때문에 있는 그대로의 자신으로 살 수 있다고 주장했다. 고독력이 낮으면 사람과 관계를 맺는 목적은 어떻게 하더라도 '혼자가 되지 않는 것'이 중심이 되어버리지만, 고독력이 높은 사람은 다른 사람에게 매달리고 타산적으로 이용하는 것이 아니기에 정말로 서로를 위해서 좋은 관계를 만들 수 있다. 그런 관계성이라면 누군가에게 다가갔다가 거절당하더라도 거북함이 남지 않고 끝난다고 신뢰할 수 있다는 것이다.

[출처] 혼자만의 시간에 대한 자신감과 편안함 - 고독력 | 작성자 한기호

- 관계력
- 고독력

7. 책을 통해 이 시대의 흐름을 파악해 볼 수 있는 논제

『단』 이지훈, 문학동네, 2015.

한국전쟁 이후 우리나라는 '한강의 기적'이라 불리는 세계사에서 유례없는 경제발전을 이루었습니다. 끼니를 해결하지 못해 국제원조를 받던 최빈국에서 이제는 가난한 나라를 도와주는 나라로 경제발전을 이루어냈습니다. 저자는 이런 경제성장에 따른 자본주의의 음과 양을 소개합니다. "자본주의는 세계 경제를 번영으로 이끌어 왔다. 그러나 단기 성장에만 집착해 빈부격차를 초래했고, 환경 문제에 대해서는 무방비에 가까웠다. 글로벌 금융위기는 자본주의와 기업에 대한 사회적 불신의 골을 더욱 깊게 만들었다."(p.323)라고

지적합니다. 그렇다면 여러분은 지금까지 우리나라의 자본주의 경제성장에 어떤 평가를 하시겠습니까? (긍정적 평가/부정적 평가)

〈발췌문〉

한국뿐 아니라 세계적으로도 일어난 현상으로 최근 신흥 시장이 성장하고 있지만, 세계 경제는 여전히 충격적일 정도로 양극화에 휩싸여 있다. 세계에서 가장 부유한 85명의 재산이 하위 35억 명의 재산을 합친 것과 같다. 부유한 10억 명이 전 세계 소비의 72퍼센트를 차지하는 반면, 빈곤한 12억 명은 단지 1퍼센트만 소비한다. (p.323)

8. 책을 통해 이 시대의 관습과 통념을 되돌아보는 논제

『이방인』알베르 까뮈, 민음사, 2011.

뫼르소는 우발적으로 아랍인을 죽이고 '태양 때문에 살인했다,'고 말합니다. 그는 다른 사람이 제기하는 질문에 간단하게 대답하고 적게 말하는 인물입니다. 뫼르소는 "건전한 사람은 누구나 사랑하는 사람들의 죽음을 다소간 바랐던 경험이 있는 법이다."라고 자신의 죄를 변호하지도 않습니다. 법정은 뫼르소가 어머니의 장례식에서 울지 않았다는 이유로 그를 무심한 인물로, 그리고 살인을 저지르고도 후회하는 태도를 보이지 않았다는 이유로 도덕성이 결여된 인물이라고 판단합니다. 법정은 뫼르소의 범죄 행위에 대해서는 정상참작이 불가능하다고 판단, 결국 '사형 선고'를 내립니다. 여러

분은 이러한 법정의 판결에 대해 어떻게 생각하십니까?

9. 책을 통해 새로운 시각과 관점을 세우고 가치관을 정립하는 논제

『꽃들에게 희망을』 트리나 폴리스, 시공주니어, 1999.

철학자 라캉은 "인간은 타인의 욕망을 욕망하는 존재다."라고 말한 바 있습니다. 이는 자신이 원하는 것이 무엇인지도 모른 체 맹목적으로 기둥을 기어오르는 애벌레들의 모습으로 비유될 수 있는데요. 자본주의를 살아가고 있는 현대인들에게 경쟁과 성공은 피할 수 없는 부분이기도 합니다. 치열한 경쟁 속에서 살아가는 우리가 가장 소중하게 지켜야 할 것은 무엇인지 한 가지씩 이야기 해 봅시다.

예) 건강, 친구, 자신만의 신념 등

10. 책이 가진 가치를 평가하는 논제(장단점, 한계)

『이방인』 알베르 까뮈, 민음사, 2011.

카뮈의 대표작 중 하나인 『이방인』은 무려 101개 언어로 번역 소개되었습니다. 평단의 반응도 뜨거웠는데요. 롤랑 바르트는 『이방인』을 가리켜 "건전지의 발명과 맞먹는 사건"이라고 평하기도 했습니다. 세계 곳곳에서 읽히는 『이방인』은 과연 어떤 가치를 담고 있는 작품일까요. 여러분이 발견한 『이방인』의 가치를 다양하게 나눠 봅시다.

『개를 훔치는 완벽한 방법』 독서토론 논제

(바바라 오코너, 신선해 옮김, 다산북스, 2014)

1. 바바라 오코너의 『개를 훔치는 완벽한 방법』은 가족의 붕괴되는 모습을 보여주면서도 그 속에서 피어나는 가족애를 유쾌 발랄하게, 엉뚱하게 그리고 있습니다. 여러분은 이 책을 어떻게 읽으셨나요? 읽은 소감을 나누어 봅시다.

2. 주인공 조지나는 적당히 자기중심적이고 적당히 순수한 11세 소녀입니다. 떠나버린 아빠를 그리워하는 대신 당장 살 집이 없다는 불편함, 엄마의 힘든 직장 생활보다는 학교생활이 더 신경 쓰이고, 친구들의 시선이 더 버겁습니다. 여러분에게도 기억에 남는 '성장통'이 있나요? 경험을 나누어 주세요.

3. 남편이 집을 나간 후, 엄마는 길거리에 나앉게 되자, 두 아이와 먹고살기 위해 동분서주합니다. 두 개의 일자리에서 하루하루 파김치가 되도록 열심히 일을 합니다. 조지나는 엄마의 고생을 알면서도 자신의 가난이 알려질까 봐 그래서 친구들한테 놀림을 당할까봐 전전긍긍합니다. 하루 빨리 번듯한 집으로 이사를 가기만을 바라는데요. 여러분은 '돈'이 가정의 유지 존속, 혹은 행복에 얼마나 중요하다고 생각하시나요? 의견을 나눠 봅시다.

4. 주인공 조지나는 최근 자신에게 일어난 일을 믿을 수가 없습니다. 아빠는 도망가고, 집은 사라지고, 한순간에 길거리로 나앉게 됩니다. 갈 곳이 없는 이들 가족은 트럭에서 살게 되는데요. 맥도날드 화장실에서 대충 몸을 씻고, 엄마가 일하는 식당에서 가져온 음식으로 끼니를 때웁니다. 학교 준비물을 챙겨가지도 못하는데요. 여러분은 조지나처럼 어린 시절의 '가난'의 경험이 인생을 살아가는 데 어떤 영향을 끼친다고 생각하시나요?

"진짜 우웩이다, 너 제발 이 좀 닦아라."

녀석은 미심쩍은 눈초리로 날 쏘아보다가, "어떻게?"라고 큰
소리로 물었다. "여긴 개수대도 없는데?" 그 애는 보란 듯이
두 팔로 차 안을 휘저었다.

"아이스박스 안의 물을 쓰면 되잖아."

"말도 안 돼. 더러워" (p.25)

- 긍정적 영향
- 부정적 영향

5. 생활고에 시달리던 조지나는 급기야 '개를 훔치기'로 합니다.
보상금을 받아 엄마가 집을 빨리 구할 수 있도록 도움을 주려고 하
는데요. 만약 여러분이 조지나의 부모님이라면 어린 딸의 이와 같
은 행동에 어떻게 대처하시겠습니까?

"엄마가 돈을 모으는 데 우리가 보탬이 돼야해. 그리고 이건
내가 생각해낼 수 있는 유일한 방법이야. 뭐 다른 방법 아는
거 있어?"(p.115)

- 야단을 치고 잘못을 반성하게 한다.
- 잘못을 깨달을 때까지 모른 척 눈감아 준다.

6. 개를 잃어버린 카멜라 아줌마는 보상금을 마련하기 위해 동생 거티에게 도움을 청합니다. 하지만 동생은 카멜라 아줌마의 요청을 거절하는데요. 이에 카멜라 아줌마는 동생의 냉랭함에 서글퍼 합니다. 여러분은 카멜라 아줌마의 동생의 행동에 대해 어떻게 생각하시나요?

"동생이 병원에 있을 때 애들을 봐준 게 누구였더라. 걔 차가 고장 났을 때, 한밤중에도 아랑곳 않고 게이츠빌까지 달려갔던 게 누구였지? 바로 나였다구. 하지만 그 애는 아무것도 기억이 안 나나보다. 자매란 거, 이런 때는 정말 아무것도 아니구나" 아줌마는 서글프다는 듯 말했다. (p.230)

7. 무키아저씨는 "해결해야 하는 일이 생길 때마다" 일을 처리해 줍니다. 돈을 받을 때도 있고 공짜로 해줄 때도 있다고 말합니다. 그 이유는 "때로는 나한테 돈이 필요한 것보다 그런 일을 해결하는 게 더 급하거든"(p.207)라며 자신의 신조를 밝히는데요. 여러분에게도 살아가면서 꼭 지키고 싶은 신조가 있나요? 생각해 봅시다.

"때로는 뒤에 남긴 삶의 자취가 앞에 놓인 길보다 더 중요한 법이라는 거다. 너한테도 신조가 있냐?" (p.207)

8. 무키아저씨는 조지나가 '개를 훔친 사실'을 알고도 모른 척해 줍니다. 그저 개 월리에게 먹이를 주고, 산책을 시켜주고 잘 돌봐주고 조지나에게도 잘 대해 주는데요. 여러분은 무키 아저씨가 조지나의 행동을 모른 척 해준 이유를 무엇이라고 생각하시나요?

"부끄러웠다. 엄청난 수치심이 물밀 듯 밀려왔다. 무키아저 씨가 이 초록색 스카프를 찾아낸 것이다. 아저씨는 월리에 관한 진실을 알고 있었다. 나에 대한 진실도 알고 있었다." (p.248)

9. 개를 훔쳤다는 죄책감에 시달리던 조지나는 결국 주인에게 개를 돌려주고 자신의 잘못을 고백하기에 이릅니다. 그리고 자신의 결정에 대해서 "결국 내 마음이 승리를 거머쥔 것이다."(p.262)라며 흐뭇해합니다. 여러분은 이번 사건을 통해 조지나가 깨달은 점은 무엇이라고 생각하시나요? 이야기를 나눠 봅시다.

"삶은 살아온 기억들로 이루어져 있다. 그러니까 앞으로 나 아가기 위해서는, 더 아름다운 삶을 만들기 위해선 늘 자신 에게 부끄럽지 않은 내가 되어야 하는 것이다. 정말 그렇다, '때로는 살면서 뒤에 남긴 자취가 앞에 놓인 길보다 더 중요 한 법'이다."(p.269)_옮긴이의 말

10. 여러분은 이 책을 누구에게 추천하시겠습니까? 추천과 비추천의 이유를 나눠서 생각해 봅시다.

■ **독서토론 논제 예시 (고전)**

『이반 일리치의 죽음』 독서토론 논제

(톨스토이, 창비, 2014)

1. 톨스토이의 『이반 일리치의 죽음』은 고위 관료로 남부럽지 않게 살다가 원인모를 병에 걸려 고통스럽게 죽어가는 한 남자의 이야기입니다. 여러분은 이 책을 어떻게 읽으셨나요? 자유롭게 소감을 나누어 봅시다.

2. 이반 일리치는 사다리에서 떨어져 옆구리를 다친 후 끝내 회복되지 못하고 죽음을 맞이하게 됩니다. 여러분은 평소 '죽음'에 대해 어떤 생각을 가지고 계신가요? 다양한 생각을 나눠 봅시다.

더욱 기분이 좋지 않은 것은 죽음이란 놈이 다른 어떤 일도 하지 못하도록 자꾸만 그를 끌어당기고 있다는 점이었다. 그저 죽음만을 바라보도록, 피하지 않고 똑바로 죽음을 응시하도록, 모든 일을 손에서 내려놓고 그저 형언할 수 없는 고통을 느끼게만 했다.(p.74)

3. 이반 일리치는 육체적 고통만큼이나 정신적으로도 끔찍한 고통을 겪습니다. 그는 살아온 인생이 잘못된 것일 수 있다는 생각에 사로잡혀 "숨통을 조이고 짓누르는 것만" 같은 고통으로 괴로워합니다. 이반 일리치를 이렇게 까지 고통스럽게 한 것은 무엇일까요?

이반 일리치는 누군가 자신을 아픈 어린아이 대하듯이 그렇게 가엾게 여기며 보살펴주기를 가장 간절히 소원했다. 어린애를 어루만지고 달래듯이 다정하게 쓰다듬어주고 입을 맞추고 자기를 위해 울어주기를 그는 바랐다.(p.84)

이반 일리치는 그들에게서 바로 자기 자신을, 그리고 자신이 살아온 삶의 방식을 볼 수 있었던 것이다. 그는 그 모든 것이 삶도 죽음도 가려버리는 하나의 무시무시하고 거대한 기만이었다는 점을 분명히 깨달았다. 이런 의식은 육체적 고통을 몇 배, 몇 십 배 가중시켰다. 그는 끙끙 앓으며 몸부림치면서 입고 있는 옷을 쥐어뜯어 풀어헤쳤다. 옷이 숨통을 조이고 짓누르는 것만 같았기 때문이다. 바로 이런 이유로 이날 아침 그는 그들 모두가 더욱 증오스러웠다.(p.112)

4. 예심판사로 부임하여 즐겁고 유쾌한 생활을 영위하던 이반 일리치는 사교계에서 쁘라스꼬비야 표도로브나를 만나 결혼을 하게 됩니다. 행복했던 신혼생활도 잠시, 아내가 임신을 하면서부터 이반 일리치는 삶의 유쾌함과 품격이 파괴되었다고 말합니다. 그 후로도 그의 가정은 평탄하지 못했는데요, 이반 일리치에게 '가족'이란 어떤 의미였을까요?

결혼한 지 채 일 년도 되지 못해 이반 일리치는 결혼생활이라는 것이 삶에 편리함을 주는 점이 일부 없지 않지만 본질적으로 아주 복잡하고 힘겨운 것이라는 사실을 깨달았다. 따라서 자신의 의무를 다하기 위해서는, 그러니까 사교계에서 인정받는 품위 있는 생활을 유지하기 위해서는 공직에서와 마찬가지로 결혼생활에서도 일정한 원칙을 세워 지켜가야 할 필요가 있다고 생각했다. (p.33)

바로 그때 누군가 그의 손을 잡고 입 맞추는 것이 느껴졌다. 그는 눈을 뜨고 아들을 보았다. 아들이 너무나 안쓰러웠다. 아내도 그에게 다가왔다. 그는 아내를 바라보았다. 아내는 입을 크게 벌린 채 코와 뺨에 흘러내리는 눈물을 주체하지 못하고 절망적인 표정으로 그를 바라보고 있었다. 아내도 불쌍했다. (p.117)

5. 이반 일리치는 생명이 점점 빠져나가는 자신을 느끼면서 자신의 인생을 되돌아봅니다. 그는 자신이 잘못 살아온 것은 아닌지 자문합니다. 하지만 죽음이 그를 삼키는 순간 빛을 보면서 '기쁘다'라고 표현합니다. 여러분은 이반일리치의 인생이 행복한 삶이었다고 생각하시나요?

그는 일 속에 파묻혀 오직 거기서 삶의 재미를 느꼈다. 그리하여 마침내 그 재미라는 것이 그를 삼켜버리고 말았다. 마음만 먹으며 누구든 잡아넣을 수 있다는 권력의식, 비록 외적인 것이지만 법정에 들어설 때나 부하 직원들을 만날 때 분명하게 전해져오는 존경 어린 시선, 상관들과 부하들 앞에서 과시할 수 있는 성공, 그리고 무엇보다 그 자신 스스로도 잘 느끼고 있는 탁월한 업무처리 능력 등등 이런 모든 것들에서 그는 기쁨을 느꼈다. 그리고 덧붙여 동료들과의 대화와 식사, 그리고 카드놀이 등등이 그의 삶을 채워갔다. 이반 일리치의 삶은 자신이 생각하고 기대한 대로 별일 없이 즐겁고 나름대로 품위있게 흘러가고 있었다. (p.35-36)

'어쩌면 내가 잘못 살아온 건 아닐까?'

'난 정해진 대로 그대로 다 했는데 어떻게 잘못될 수가 있단 말인가?' (p.103)

그는 오랫동안 곁에서 떠나지 않던 죽음의 공포를 찾으려 했으나 찾을 수 없었다. 죽음은 어디에 있지? 죽음이 뭐야? 죽음이란 것은 없었기 때문에 이제 그 어떤 공포도 있을 수 없었다. 죽음 대신 빛이 있었다. "그래, 바로 이거야!" 갑자기 그는 소리쳤다. "아, 이렇게 기쁠 수가!" (p.118)

6. 이반 일리치의 사망 소식에 직장 동료들은 추모하는 마음보다 그의 자리를 누가 메울 것인지에 대해 더 신경 씁니다. 오랜 친구인 뾰뜨르 이바노비치도 예의상 어쩔 수 없이 장례식에 참석합니다. 뾰뜨르는 미망인 쁘라스꼬비야 표도르브나가 남편의 죽음을 애도하는 척하면서 정부 지원금을 한 푼이라도 더 챙기려는 모습과 가식적인 자신에게도 불쾌해집니다. 하지만 내색하지 않고 적당히 둘러대며 그 자리를 빨리 모면하려고 하는데요, 여러분은 뾰뜨르처럼 상대방의 기분이 상하지 않도록 형식적으로 예의를 지키는 것에 대

해 공감하십니까?

'어쩌겠어, 죽었는데. 하지만 난 이렇게 살아 있잖아.' 그들 각자는 이렇게 생각하거나 그런 느낌을 가졌다. 그런 생각 중에서도 고인과 아주 가까운 사이였던 이른바 이반 일리치의 친구라는 사람들이 또 생각한 것이라고는 이제 예의상 어쩔 수 없이 추도식에 참여해서 미망인에게 위로의 말을 건네야 하는 등 아주 귀찮은 의무를 수행할 수밖에 없다는 떨떠름한 사실이었다. (p.10)

7. 『이반 일리치의 죽음』은 과연 어떤 가치를 담고 있는 작품일까요. 여러분이 발견한 이 책의 가치를 나눠 봅시다.

삶이 그렇게 무의미하고 역겨운 것이라면 왜 이렇게 죽어야 하고, 죽으면서 왜 이렇게까지 고통스러워해야 한단 말이냐? 아니다. 뭔가 그게 아니다. '어쩌면 내가 잘못 살아온 건 아닐까?' 갑자기 그의 머릿속에 이런 생각이 찾아들었다.(p.103)

■ 독서토론 논제 예시 (사회)

『다윗과 골리앗』독서토론 논제
(말콤 글래드웰, 21세기북스, 2014)

1. 경영사상가 말콤 글래드웰의 신작『다윗과 골리앗』은 거대한 골리앗의 세상에서 영민하게 자신의 약점을 이용해 승리한 우리 시대 다윗들의 이야기입니다. 가난, 불운, 압제 등 피할 수 없는 시련 앞에 선 평범한 사람들을 승리로 이끄는 지침을 제시하고 있습니다. 여러분은 이 책을 어떻게 읽으셨나요? 자유롭게 소감을 나누어 봅시다.

2. 3천 년 전 팔레스타인의 양치기 소년은 돌팔매질로 거대한 거인 전사를 쓰러뜨린 이야기는 이후 '다윗과 골리앗의 전투'로 불리며 거인과 약자의 싸움으로 불리게 됩니다. 저자는 역사와 문화를 아우르는 전 방위적인 통찰로 다양한 사례를 근거로 들면서 강자들이 항상 승리하는 것은 아니라고 말하고 있습니다. 책에서는 거인을 이겨낸 다양한 다윗들의 이야기를 전하고 있습니다. 이 중에서 가장 인상적인 '다윗'에 대해 이야기를 나누어 봅시다.

1. 비백 라나디베의 약체 농구팀

2. 큰 성취를 이룬 인상파 화가들

3. 난독증을 바람직한 장애로 극복한 사람들

4. 기타

3. 여러분이 만나온 '골리앗'에 대한 이야기를 나눠봅시다. 실제로 보면 그렇지 않았지만, 막강한 힘을 가진 골리앗처럼 보였던 그들. 기억나는 사례가 있나요?

4. 저자는 작거나 가난하거나, 덜 숙련된 사람은 무조건 불리하다고 자동적으로 가정하는 것은 오류라고 말합니다. 오히려 다윗이 가진 특성이 승리의 요소로 작동할 수 있다고 말하는데요. 평소에 '약점'이라고 생각한 것이 오히려 '강점'이 된 경우가 있다면 이야기를 나누어 봅시다.(그 반대의 경우도 나누어 봅시다.)

많은 군인과 무기와 자원을 가진 건 분명 강점이다. 그러나 기동성이 떨어지고 방어적 태세를 취하게 만든다. 반면 로렌스의 군대에 풍부했던 기동성과 인내력, 개인적 지능, 터기에 대한 지식, 그리고 용기는 아카바를 동쪽에서 공격하는 것과 같은 말 그대로 불가능한 공격을 가능하게 만들었다. 물적 자원이 있어서 얻는 강점이 있는가 하면, 물적 자원이 없어서 얻은 강점도 있다. 그리고 약자가 행동에 나설 때 자주 승리를 거두는 이유는, 물적 자원이 없어서 얻는 강점이 종종 물적 자원이 있어서 얻는 강점과 맞먹기 때문이다. (p.39)

5. 젊은 의사 프레이레이히와 프레이는 백혈병을 치료하기 위해 어린아이들에게 실험 상태인 고독성 약물 칵테일 주입요법(VAMP)을 적용하려고 합니다. 하지만 다른 의사들은 이와 같은 유례없는 급진적인 치료법이 자칫하면 생명을 앗아갈 수다는 이유로 두 젊은 의사를 맹렬하게 비난합니다. 성공하면 생명을 살리지만 실패하면 죽음을 맞게 됩니다. 여러분은 이 젊은 의사들의 행동에 대해 어떻게 생각하십니까?

프레이레이히와 프레이는 『화학요법의 진보』 저널에서 소아 백혈병에 대한 성공적인 치료법을 개발했다고 선언했다. 오늘날, 이와 같은 유형의 암은 치료율이 90%를 넘는다. 그들의 발자취를 따랐던 연구자들의 노력으로 목숨을 건진 아이의 수는 엄청나게 많다. (p.196)

6. 저자는 기존의 법칙을 거부하고 완전히 다른 창조적 시각으로 바라보면 새로운 룰이 보이며, 힘을 가진 자는 보이는 것만큼 강하지 않고, 약자도 보기보다 약하지 않다고 말합니다. '다윗'은 힘이 아닌 지혜로 골리앗을 이깁니다. 그렇다면 우리 시대 약자인 다윗에게 필요한 것은 무엇인지 생각해 봅시다.

읽는 재능이 없다면 듣는 재능이 생기게 된다. 도시를 폭격한다면 죽음과 파괴가 남지만, 포탄이 멀리 빗나간 사람들의 공동체를 낳게 된다. 어머니나 아버지가 없어진다면 고통과 절망의 원인이 될 수 있다. 그러나 열 명 중 한 명은 절망에서 빠져나와 불굴의 힘을 얻게 된다. 엘라 계곡에서 거인과 양치기를 본다면 당신의 눈은 칼과 방패, 그리고 번쩍이는 갑옷을 입은 남자에게 끌릴 것이다. 그러나 세상의 아름다움과 가치 중 수많은 것들은 우리가 상상한 것보다 더 많은 힘과 목적의식을 가진 양치기로부터 나온다. (p.324)

7. 저자는 '큰 물고기-작은 연못효과이론'을 설명합니다. 우수한 학생들로만 구성된 명문대학이 반드시 좋은 것은 아니며 다른 대학에 가서도 뛰어난 성취를 이루는 사례를 보여줍니다. 보통의 학생들은 우수한 학생들 사이에서 상대적 박탈감과 좌절감을 느껴 학습에 대한 동기부여와 자신감을 잃게 되기 때문인데요. 책은 최상위권 대학의 학생들보다 하위권 대학의 학생들이 높은 논문발표실적

을 보였다는 조사 자료를 예로 들고 있습니다.(p.112) 여러분은 "보통의 학생이라면 최상위권의 대학이 아닌 다른 대학에 진학해야 한다"는 저자의 주장에 공감하시나요?

> 그녀는 경쟁이 치열한 연못의 작은 물고기 한 마리였다. 그리고 자신을 다른 뛰어난 물고기와 비교하는 경험이 그녀의 자신감을 산산조각 냈다. 이런 비교 때문에 그녀는 전혀 바보가 아니었지만 스스로를 바보처럼 느끼게 되었던 것이다. "와! 다른 학생들은 그 과목을 마스터 했어요. 시작할 때는 나와 똑같이 감을 못 잡던 학생들조차 말이에요. 나는 그런 식으로 생각하는 법을 배울 수 없는 것 같아요."(p.99)

> 어떤 교육기관이 엘리트 기관일수록 학생들은 자신의 학업 능력에 대해 더 나쁘게 느낀다. 괜찮은 학교의 반에서라면 최상위에 있을 수 있는 학생들이 정말 좋은 학교에서는 쉽사리 바닥으로 떨어질 수 있다. 괜찮은 학교에서라면 어떤 과목을 마스터했다고 느낄 학생들이 정말 좋은 학교에서는 점점 더 멀리 뒤처지고 있다고 느낄 수 있다. 이는 '학문적 자아 관념'으로 동기부여와 자신감을 위한 매우 중요한 요소다. (p.102)

8. 책은 "성공한 기업가들 가운데 놀랄 만큼 많은 수가 난독증을

가지고 있다."(p.133)는 사례를 보여줍니다. 런던 시티 대학교의 줄리 로건이 진행한 최근의 연구에 따르면 그 숫자는 대략 3분의 1이라고 하는데요. 여러분은 난독증이 이들의 성공에 바람직한 영향을 미쳤다는 저자의 주장에 대해 어떻게 생각하시나요? 생각을 나눠 봅시다.

　　이 사실을 놓고 두 가지 해석이 있을 수 있다. 첫 번째는 이 주목할 만한 사람들은 그들의 장애에도 불구하고 성공했다는 것이다. 이들은 너무나 똑똑하고 창의적이었기 때문에 그 무엇도, 평생을 읽는 일에 어려움을 겪어야 하는 장애조차 이들을 막을 수 없었던 것이다. 두 번째이면서 더욱 흥미로운 가능성은 부분적으로 그들이 장애를 가졌기 때문에 성공했다는 것이다. 즉 그들은 굉장한 이점으로 역경을 겪으면서 무언가를 배웠다는 것이다. (p.134)

　　9. 캐나다의 정신과 의사 맥커디는 대공습을 이렇게 해석, 입증했습니다. 바로, 정신적 외상을 남기는 대공습 같은 경험도 〈큰 상처로 받아들이는 집단〉과 〈더 좋은 계기로 받아들이는 집단〉으로 구분된다는 것이었습니다. 이어 저자는 난독증을 앓던 보이스가 고졸 출신으로 법조인이 된 예를 들며 난독증처럼 치명적인 장애 또한 더욱 강인해지는 계기로 발전시킬 수 있음을 강조합니다. 이러한 저자의 태도는 책 전반에 〈다윗과 골리앗 이론〉, 즉 "약자로 보이는

다윗과 같은 개인도(여러 계기를 통해) 다윗과 같은 거대한 상대를 이길 수 있다."는 입장으로 드러납니다. 여러분은 이런 저자의 견해에 대해 공감하십니까? 생각을 나눠봅시다.

> 맥커디에게 대공습은 정신적 외상을 남기는 경험이 사람들에게 완전히 다른 두 가지 영향을 미칠 수 있다는 것을 입증했다. 즉 똑같은 경험이 한쪽 집단에는 크나큰 상처를 남길 수 있는 반면, 다른 집단은 한결 더 좋게 만든다는 것이다. (p.165)

난독증을 가진 많은 사람들은 자신의 장애를 보상하지 못한다. 예를 들면 상당수의 난독증 환자가 감옥에 간다. 이들은 가장 기초적인 학업을 완수하는 데 실패한 현실에 압도당한 사람들이다. 그러나 똑같은 신경 장애를 가진 개리 콘과 데이비드 보이스 같은 사람들에게는 반대의 효과가 나타날 수도 있다. 난독증은 개리 콘의 인생에 큰 구멍을 만들었고 불행과 불안의 흔적을 남겼다. 그러나 콘은 매우 똑똑했다. 그에게는 헌신적인 가족과 적지 않은 행운, 그리고 폭발이 안겨준 최악의 영향을 극복하고 더욱 강인해질 수 있었던 다른 자원들이 충분히 있었다. 영국이 그랬던것처럼, 우리는 끔찍하고 충격적인 무엇인가에 대한 반응이 딱 한가지 종류밖에는 없을 것이라고 쉽게 결론을 내버리는 잘못을 똑같이 저지른다. 그렇지 않다. 반응은 두 가지다. (p.166)

10. 이 책이 가진 장점과 그 한계에 대해 생각을 나눠봅시다.

■ 논제 발제시 유의할 점

- 찬반 의견이 엇갈리는 논제 발제시에는 찬성과 반대 모두 그 나름의 설득력을 갖추고 있으면서도 주장에 대한 근거의 논리 성을 확보할 수 있는지 고려합니다.
- 책의 핵심을 파악하면서도 저자가 놓치는 부분은 없는지 살펴 봅니다.
- 책의 저자에 대해서도 알아봅니다.
- 책이 주는 메시지가 현실에 어떤 영향을 미치는지 생각해 봅 니다.
- 논제에 대한 토론자들의 답변을 예상해 봅니다.

독서토론을 위한 논제 발제는 누구보다 '논제 발제자'에게 큰 도 움이 됩니다. 논제 발제는 책에게 질문을 던지는 행위입니다. 책이 전달하려고 하는 핵심은 무엇이고, 이 시대에 어떤 의미를 갖는지를 살펴보고, 그로써 자신과 타인, 사회를 하나의 맥락으로 연결하여 사고하는 능동적이고 적극적인 독서법이기 때문입니다. 논제에 대한 답을 찾아가는 과정은 공감과 소통으로 타인과 관계를 맺고, 자신의 내면을 성장시키는 기회가 됩니다.

토론하고

3장

〈독서동아리〉에서는
무엇을 하나요?

- 불통에서 소통으로 〈독서토론〉
- 여기는 〈독서동아리〉현장(주부, 대학생, 직장인, 청소년)
- 〈독서토론〉을 위한 소감 발표의 기술
- 말과 글의 논리
- 느리고 깊게 읽는 즐거움, 낭독
- 글쓰기의 중핵, 필사

Point 〈독서동아리〉 진행 과정 및 독서법

"내가 생각하기에 토론은 서로의 '다름'을 드러내놓고
그것의 정당성을 객관적 근거를 통해 입증하는 것이며,
종국에는 합의를 이루지 못하더라도 그 다름을 인정하는 것이다."

|

손석희, 방송인, 앵커

불통에서 소통으로 〈독서토론〉

TV토론 프로그램을 보면 지성인이라고 불리는 사람들이 하는 대화를 보고 실망할 때가 많습니다. 목에 핏대를 세우며 고함을 치고, 상대를 굴복시키기 위해 인신공격도 서슴치 않고, 상대의 말꼬리를 잡아 물고 늘어지는 등 상대를 깎아내리기 위해 혈안이 된 토론의 모양새를 보고 있으면 한 숨이 절로 나옵니다. 우리에게 성숙한 토론문화의 정착은 먼 나라의 이야기일까요? 토론은 자신의 주장을 관철시키기 위한 것이 아닙니다. 누군가에 패배감을 안기기 위한 토론은 대화의 단절로 불통을 가져다줍니다. 서로의 이야기에 귀를 기울이고 자신과 다른 의견이나 생각을 존중하는 열린 태도가 필요합니다. 냉철한 이성과 부드러운 교양으로 건강한 합의와 결론을 도출하는 성숙한 토론문화 정착이 절실합니다.

독서토론은 책을 중심으로 한 토론을 말합니다. TV에서 하는 토론과 차이점이 있다면 독서토론은 책에서 토론의 주제를 뽑아 이야기를 한다는 것으로 그 나머지는 일반 토론과 비슷합니다. 독서토론이란 특정 도서를 선정하여 읽고, 핵심 논제를 추출하여 각자 이해한 바를 토대로 서로의 의견을 나눔으로써 책에 대한 이해를 높이고자하는 비평 활동이라고 할 수 있습니다. 디베이트처럼 토론의 승패를 가르고, TV에서 하는 정책토론처럼 정해진 기준이나 규칙이 있는 것이 아니라 읽은 책에 대해서 나름의 생각을 펼치는 독후활동으로 비교적 자유롭게 할 수 있다는 장점이 있습니다.

독서토론을 하다보면 자신과 다른 의견을 말하는 사람에 대해 불쾌감을 표시하거나 심지어는 자신의 의견을 내세우고 강요하는 장면을 종종 접하게 됩니다. 성미가 급하거나, 자신의 말을 이해하지 못한다고 벌컥 화를 내고 자리를 떠나버리는 경우도 있습니다. 우리는 독서토론을 통해 성숙한 대화의 기술을 배울 수 있습니다. 책을 읽으면서 스스로의 됨됨이를 돌아보게 되고, 독서토론의 장에 와서는 다른 사람의 말에 귀를 기울이면서 자신과 타인, 세상을 보는 시선을 기릅니다. 읽은 책에 대해서 이야기를 함으로써 표현력이 길러지는 것은 물론입니다.

독서토론은 옳고 그름의 기준을 정해놓고 어느 하나를 고르라고 강요하지 않습니다. 읽은 책에 대해서 자신만의 생각과 관점을 이야기하고 다른 사람의 이야기를 경청하다가 보면 그제서야 자신이 이 세상에 어디쯤 위치해 있는가를 알게 됩니다. 독서토론은 자신이 가진 세계관의 지점을 확인하고 책과 사람을 통해 지성과 교양을 쌓는 공부입니다.

"제대로 듣지 않는 자 제대로 말할 수 없고, 말 이전과 이후, 동시에 생각이 따르지 않는 말은 제대로 된 말이 되기 어렵다. 즉, 말하기는 사고와 성찰의 단계가 수반되어야 하는 것이다. 이러한 말하기는 개인의 차원에서는 내 안의 것들을 세상에 내놓는 기본이 되며 사회의 차원에서는 다양한 분야의 내용이 사회로 모이기 위한 수단이 된다."-『유정아의 서울대 말하기 강의』, 유정아, 문학동네 -

독서토론에서 무엇보다 중요한 것은 '경청'입니다. 내 생각만 옳고 상대의 생각은 틀렸다는 마음으로 토론에 임하는 사람은 상대의 이야기를 '잘'들으려 하지 않습니다. 오로지 자신의 생각만이 옳다고 주장합니다. 경청은 생각의 다양성을 인정하기 위해 갖추어야할 태도입니다. 내가 옳다고 생각하는 것도, 타인의 이야기를 귀담아 듣다가 보면 어떤 오류를 발견할 수 있습니다. 따라서 나의 생각을 잘 전달하기 위해서는 타인의 생각을 잘 듣는 것부터 시작해야합니다. 이 과정에서 타인과 소통하면서 지성과 교양을 표현하는 방법을 배워가는 것이 독서토론에서 얻을 수 있는 유익함입니다.

더불어, 독서토론을 통해서 길러질 수 있는 능력은 다음과 같습니다.

첫째, 책에 대한 이해력을 신장시켜 줍니다. 독서토론을 위해서는 책을 읽고 난 후 그 책에 대해 자신의 생각을 정리하고 말과 글로 표현해야 하기 때문에 읽기의 집중력을 높이고, 그에 따른 책에 대한 이해도 또한 높여줍니다. 혼자서 읽을 때보다, 독서토론을 위한 독서는 책을 정독 할 수 있게 돕습니다.

둘째, 비판적 사고력을 키워줍니다. 참여자는 독서토론을 위해 논제를 정하고, 그 논제에 대한 자신의 생각을 명확하게 세워야 하며, 다른 토론자의 반박에 대비해야 하므로 자연스럽게 책을 비판적으로 읽게 됩니다. 또한 독서토론 후에 타인의 생각과 자신의 생각을 비교해 봄으로써 다양한 관점으로 현상을 바라보게 되고, 새롭게 자신의 생각을 만들어 나갈 수 있습니다.

셋째, 표현력을 키워 줍니다. 독서토론은 책을 읽고 형성된 자신의 생각과 느낌을 반복해서 표현해야하는 독후활동입니다. 단순히 책을 읽고 난 후 책에 대한 감상이 개인 차원에서 머무르는 것이 아니라 타인에게 자연스럽고, 자신감 있게 말하는 활동으로 스피치 능력을 신장시킬 수 있습니다. 공적인 자리에서 발표하는 기회를 가지면서 말하기의 부담을 줄일 수 있습니다.

넷째, 감상적 책 읽기를 돕습니다. 독서 자료에 대해 몰입하게 하여 그 내용에 대한 이해와 감상을 갖게 해줍니다. 또한 독서토론 중에도 책에 드러난 여러 가지 상황에 대해 몰랐던 사실을 알 수 있게 도와주며, 독서 후에도 서로의 생각을 비교하고 재정립함으로써 책이 전하는 정서적 감동을 받아들이는 능력을 키울 수 있습니다.

다섯째, 논리력을 신장시킵니다. 독서토론에서 자신의 의견으로 타인을 설득하기 위해서는 주장을 뒷받침할 수 있는 설득력 있는 근거와 이유를 제시해야 합니다. 다른 참여자들은 토론자의 주장이 논리성을 갖추었는지를 검토하게 됩니다. 이 과정에서 좀 더 타당한 논거를 제시하기 위해 노력하면서 논리력이 향상됩니다.

여섯째, 창의력을 키워줍니다. 창의력은 지식과 정보를 연결하고 조합해서 새로운 아이디어로 산출해 낼 수 있는 능력입니다. 꾸준한 독서로 다양하고 풍부한 지식과 정보를 쌓고, 다른 사람과 생각과 의견을 나누는 과정에서 독창적인 아이디어가 나오게 됩니다. 창의력은 독서토론 활동으로 향상시킬 수 있습니다.

"같은 책을 읽는 것은 사람들 사이를 이어 주는 것이다."

—

랠프 왈도 애머슨

여기는 '독서동아리' 현장
(주부, 직장인, 대학생, 청소년)

■ 주부 '독서동아리'

"이 책은 남편이 읽지 못하도록 숨겨 놓을 거예요."

서울 송파구의 한 도서관에서 열린 '독서동아리'에 참여한 어느 주부가 한 말입니다. 한 달에 두 번 있는 이 모임에는 어린 자녀를 둔 엄마부터 대학을 졸업하고 사회생활을 하는 자녀를 둔 중년의 주부까지 다양한 사람들이 한 권의 책을 읽고 토론을 하는 모임으로 올해로 3년째라고 했습니다.

이날은 박범신의 소설 『소금』을 읽고 10여 명의 주부들이 모였습니다. 독서토론을 시작하기 전부터 엄마들은 책에 대해 불편한 심경을 드러냈습니다. 그도 그럴 것이 『소금』은 한 가장의 '가출 이야기'를 다루고 있습니다. 책에는 열심히 일해서 가족을 부양하는 가장이 나옵니다. 그런데 아내와 딸은 이런 아버지를 경제적으로 도움을 주는 대상으로 밖에 생각하지 않습니다. 돈을 많이 벌어다 자신들의 소비욕망을 채울 수 있게 해주면 좋은 아버지이고, 수입이 적어 자신들이 하고 싶은 것을 못하게 되면 아버지를 원망합니다. 아버지에게 빨대를 꽂고 쪽쪽 빨아 먹으면서 사는 인물들입니다. 아버지는 가족과 따뜻한 관계를 형성하지 못하고 외롭게 살아갑니다. 그러던 어느 날 귀갓길에 교통사고를 당한 아버지는 정신을 잃게 되고, 깨어나자마자 홀연히 가출을 합니다.

이 소설을 읽고 주부들이 마음이 불편한 이유는 크게 두 가지였습니다. 하나는 작가가 여성들을 너무 소비의 괴물로 묘사하고 있다는 겁니다. 하루하루 열심히 살아가는 자신들과 같은 주부들이 훨씬 많을 텐데 이 시대의 아버지들이 힘든 이유가 마치 아내와 자식 때문인 것처럼 보는 시선이 불편하다고 날선 비판을 내 놓습니다. 또하나의 이유는 "아무리 그렇다고 가장이 가족을 버리고 가출을 해야 하는가. 너무 무책임한 가장 아닌가"라는 의견입니다. 이들은 하나같이 가출을 한 가장에게 비난의 화살을 꽂았습니다. 또한 저마다 자신의 남편의 생활 모습에 대해 생각하게 되었다고 말합니다.

하지만 계속해서 『소금』에 대한 이야기를 나누다 보니, 책에 나오는 아버지의 가출을 이해할 수 있다는 의견이 속속 나왔습니다.

주부들은 책의 남편과 자신들의 남편의 처지가 정도의 차이는 있지만 거의 비슷하다고 했습니다. 대다수의 남편들이 직장에 나가 업무와 야근, 스트레스로 힘들게 살고 있다는 현실을 알게 되었습니다. 한 주부는 주말이 되면 잠만 자는 남편을 원망하고, 집안일을 안 도와준다고 잔소리를 했던 것이 미안하다고 했습니다.

경기도의 ○○○도서관의 〈회사원 독서동아리〉에서 두 자녀의 아빠라고 한 어느 회원은 "솔직히 소설〈소금〉에서 가출을 한 가장의 마음이 이해가 갑니다."라고 했습니다. 가장이라서, 남자라서, 약한 모습을 보이기 싫어서 가족들에게는 내색하지 않지만 가족을 부양해야한다는 책임감이 어깨를 짓누른다고 했습니다. 이어서 덧붙였습니다.

"가장에게 세상은 살아남아야 하는 전쟁터와 같습니다. 내 가족을 남부러울 것 없이 보살피고 싶은 마음과, 너무 힘들어 다 그만두고 싶은 마음이 매일 반복됩니다. 살아남아야 하기에 인생의 여유를 찾는다는 것은 사치입니다. 그나마 이렇게 책을 읽고 이야기를 나눌 수 있으니 내 마음을 알아주는 것 같아 조금은 위안이 됩니다."

그 자리에 있던 주부는 "미처 알지 못했던 남편들의 고단한 삶을 조금은 이해할 수 있게 되었어요"라며 고개를 숙였습니다. 저마다

가깝다고 생각하지만 정작 멀게만 느껴지는 가족에 대한 이야기를 나누며 각자가 처한 상황을 이해했습니다. 이렇게 독서토론은 타인을 이해하고 공감하고 소통하는 자리입니다. 다른 사람의 이야기를 들으며 삶에서 내가 놓치고 있는 부분을 인식하고, 세상 속에서 나의 입장과 처지를 돌아보게 됩니다. 또한 나와 다른 타인의 생각과 경험도 나눔으로써 진정한 대화가 시작됩니다.

■ 직장 내 '독서동아리'

"저는 주말에 쉬는 낙(樂)으로 회사를 다닙니다."
"회사는 돈을 벌 수 있는 곳으로 그 이상도 그 이하도 아닙니다."
"회사 일에 아무런 재미도 의미도 찾지를 못하겠어요."
"돈을 조금 모으면 회사를 그만 둘 겁니다"

'독서동아리'에 참여한 회사원들이 제게 던진 말입니다. 임원들이 들으면 마음 한 켠이 무거워질 만 한 이야기입니다만, 한국의 직장인들이라면 공감하는 부분도 있으리라 짐작합니다. 저도 8년 가까이 직장생활을 했는데, 돌이켜 보면 그때의 심정이 위의 회사원들의 마음과 크게 다르지 않았습니다. 회사를 다니면서 느끼는 답답함, 불안감, 무력감 등은 삶의 질까지 떨어뜨릴 때가 많았습니다.

회사원들이 겪는 가장 큰 고통은 '관계'에서 오는 불협화음입니다. 실제로 직장인들을 대상으로 한 설문조사에서 직장 생활이 힘든 진짜 이유는, '일'이 아닌 '사람' 때문이라는 결과가 보고된 바 있습니다. 상사나 동료, 부하 사원과 맺는 인간관계가 일보다 더 힘들고 어렵다는 뜻입니다. 회사생활이 힘들다고 쉽게 때려칠 수도 없는 노릇이니, 회사원들은 매일 '일탈'을 꿈꾸고, 자신의 시간을 온전히 누릴 수 있는 주말만을 기다리게 되는 것이죠.

관계가 어려운 이유는 '소통의 부재' 때문입니다. 회사에서는 업무와 관련된 대화만 할 뿐 인간적인 유대감을 형성할 기회도 없습니다. 따라서 각자가 처한 상황을 모르고, 이해하려 들지 않습니다.

이에 대한 해결책으로 직장 내 '독서동아리'를 꾸준히 지속시키는 회사도 꽤 있습니다. 대개 '독서'가 주는 효용과 가치를 잘 알고 있는 임원들이 '독서동아리' 모임을 독려하는 경우입니다. 낙(樂)이 없는 직장생활에서 잠깐이라도 편한 마음을 유지 할 수 있어서일까요? 직장인들의 '독서동아리'의 참여율은 매우 높습니다. 심지어 책을 읽지 않고도 모임에 참여하여 다른 사람의 생각을 '듣기'라도 하겠다는 사람들도 있습니다. 어쨌거나 아주 바람직한 현상이라고 볼 수 있습니다.

직장 내 '독서동아리'에 1년 이상 꾸준히 참여하는 사람들의 공통점은 '자신감이 있고, 적극적'이라는 점입니다. 그들은 자신을 표현하기를 즐기는 것 같습니다. 처음에는 거의 말을 한마디도 안 하다가, 다른 사람들이 조금씩 입을 떼는 것을 보면서 자신의 생각도 표현하게 되는데요. 이렇게 자신의 생각을 표현하는 활동에 의미를 두는 것은 바로 '독서동아리' 활동이 직장 생활에 임하는 태도를 바꾼다는 데에 있습니다.

"직장에서 입을 다물고 있는 이유는 튀기 싫어서입니다. 어차피 월급 받는 만큼만 일하면 된다는 생각이 솔직히 있었어요. 그래서 시키는 일은 잘 처리하려고 하지만 굳이 나서서 내 생각을 말하지 않았습니다. 내 생각을 잘 표현하지 못하고, 침묵을 지킬 때는 어떤 일을 하더라도 귀찮게 느껴졌고 그래서 소극적으로 행동했습니다. 그런데 책을 읽고 조금씩 내 생각을 표현하면서 묘한 느낌이 들었습니다. 내 생각을 말함으로써, 자신감이 생기는 것 같아요. 별 이야기도 아닌데 사람들이 제 이야기에 고개를 끄덕이고, 웃어주고 하는 모습에서 제가 저 사람들과 마음이 통하고 있구나를 느낍니다. 사람들과 사이도 더 좋아졌어요. 기분이 좋습니다. 그 전보다는 확실히 회사에 오는 발걸음이 가볍습니다." - 5년차 회사원 -

지당한 말이지만, 서로 통하려면 '대화'를 해야 합니다. 그런데, 직장 내에서 하는 대화는 '업무'에만 한정되어 있는 경향이 있습니다. 그래서 '일'과는 상관없는 '책'이라는 매체가 필요한 것입니다. 지금 처리해야하는 골치아픈 문제와 상관없는 이야기를 나누면서 생각이 전화되는 느낌이라고 말합니다. 그 과정에서 동료들과 자유롭고 편안하게 공감대와 유대감을 형성 할 수 있습니다. 책을 읽고, 사람들과 이야기를 나누는 직장 내 '독서동아리' 활동은 직장 동료들과의 관계형성에 도움을 줍니다. 조직문화에 꼭 필요한 조율력과 협의 능력을 신장시키는 구체적인 방안이기도 합니다. 당연히 '일'에 대한 능률도 오르겠지요.

다음은 직장 내 '독서동아리'에 참여한 사원들의 소감입니다.

"사회에서는 아직 막내라서 내 생각을 말할 기회가 거의 없습니다. 시키는 일만 잘하면 되는데 독서토론은 내 생각을 가감 없이 자유롭게 말할 수 있어서 좋았습니다."

"동료가 새롭게 보였습니다. 아무 생각 없이 사는 줄 알았는데, 토론을 하면서 아, 저 친구도 꽤 괜찮다라는 생각이 들었습니다"

"상대방의 입장에 대해서 생각해 보게 되었습니다. 다른 사람의 의견도 일리가 있다는 생각이 들었습니다"

■ 대학생 '독서동아리'

요즘은 대학에서 교내 '독서동아리' 활동을 지원하는 경우가 많습니다. 모임 장소부터, 책 구입비, 간식비 등도 아낌없이 지원합니다. 그래서 일까요? 책을 읽고자 '독서동아리'에 모여드는 학생도 늘어나고 있습니다. ○○대학교 인문학 '독서동아리' 모임은 늘 활기가 넘칩니다. 이색적인(?)점은 구성원이 전부 이공계 학생이라는 점입니다. 학생들이 중심이 되어 '독서동아리' 모임을 결성한 주된 이유는 '인문학에 대해 알고 싶다라는 것'이었습니다. 공대생들답게(?) 인문학의 대표주자 '문·사·철'에 관련한 책은 평소 들춰보지도 않는다고 했습니다. '독서동아리'에 가입하면 억지로라도 혹은 강제로라도 책을 읽을 수 있지 않을까라는 기대감이 든다고 했습니다. 이유야 어떻든, 공학도들이 제 발로 인문학 '독서동아리'에 찾아왔으니 실로 놀라운 일이 아닐 수 없습니다.

한 달에 두 번 만나는 인문학 '독서동아리' 모임에서 주로 다룬 주제는 '도대체 인문학이 무엇이고, 왜 우리 공학도가 인문학을 공부해야 하는가'라는 치열한 토론이었습니다. 학생들 스스로 이 문제를 물고 늘어졌습니다. '왜 해야 하는가'에 대한 근본적인 탐구가 없으면 어떤 인문학 책을 읽는다 해도 아무런 소용이 없을 터였습니다. 학생들은 솔직하게 자신의 주장을 펼쳤습니다.

"수학이나 과학은 '정답'이 있는데, 인문학은 '정답'이 없다. 그래서 답답하다, 이 사람 말을 들으면 맞는 거 같고, 저 사람 말을 들어도 공감이 간다, 왜 군이 정답도 없는 걸 가지고, 입씨름을 하느냐, 정답이 없다는 건 결국 끝나지 않는다는 것이고, 문제가 해결되지 않는다는 것 아니냐, 그래도 인간을 탐구해야 하느냐"라고 성토합니다.

저는 학생들의 토론을 지켜보며 흐뭇했습니다. 바로 학생들이 벌이는 치열한 토론이 인문학이 구현되고 있는 최고의 현장이었기 때문입니다. '할 것인가, 말 것인가'를 판단하고 결정하는 일이 바로 인문학의 당위성을 설명합니다. 인문학은 정답이 없기 때문에, 그래서 공부하며 그 정답을 찾기 위해 노력해야 합니다. 끊임없이 읽고, 토론하고, 표현하다가 보면 정답은 아닐지라도 정답에 가까운 진리를 얻는 방법을 깨닫게 되는 것입니다. '정답'이 없다고 포기하는 것과, '진리'를 찾기 위해 탐구하는 삶은 분명 다릅니다.

과학이나 기술은 목적을 달성하기 위한 수단과 방법입니다. 그 목적이 달성할 만한 가치가 있는지 깨닫게 해주는 것은 인문학에서 옵니다. 과학은 배를 만드는 기술이고, 인문학은 배가 어느 방향으로 나아가야하는 지를 결정하게 하는 방향타 역할을 하는 것입니다. 그 방향키는 사람이 잡고 있습니다. 어떤 분야이든, 어느 곳이든, 이 세상 중심에는 사람이 있습니다.

이 학생들은 지금도 꾸준히 책을 읽으면서 인문학적 소양을 기르며 인식의 지평을 넓히고 있습니다. 다음은 '독서동아리'에 열심히 참여하고 있는 한 학생이 들려준 이야기입니다.

"다른 친구들과 독서토론을 하는 것이 정말 재미있습니다. '독서동아리' 모임에 참여하기 위해 책을 더 열심히 보고, 토론

주제도 꼼꼼히 준비합니다...... 설명하기는 어렵지만 제가 하는 전자공학분야의 공부에 도움이 된다는 느낌입니다. 제가 인문학 책을 읽게 될 줄은 몰랐습니다. 그런데 지금은 '독서동아리' 덕분에 도서관에 가면 인문학 관련 책장 앞에서 책을 고르는 제 자신을 발견하곤 합니다. 과거에 비하면 놀라운 변화입니다. 또한 '독서동아리'를 통해 얻은 가장 큰 유익은 독서습관이 붙었다는 겁니다. 또 내가 미처 알지 못했던 좋은 책을 추천받아 읽을 때 정말 즐겁습니다." - 공과대학생 -

■ 청소년 '독서동아리'

다음은 청소년 '독서동아리' 현장입니다. 책의 중요 부분을 낭독하면서 학생들이 궁금한 점을 질문하면 다른 아이들이 답변을 하는 형식으로 진행됩니다. 교사는 토론이 잘 진행되고 있는지를 점검하고 조율하는 역할에 그칩니다. 또한 부족한 부분에 대해서는 보충설명을 합니다. 다음은 고병권의 『생각한다는 것』을 읽고 나누는 이야기입니다. 잠깐 학생들의 생각을 따라가 볼까요?

학생 A : 저자는 "철학을 하면 잘 살 수 있다"라고 하는데 '잘 산다'는 것은 무엇일까요?"

학생 B : 당연히 돈을 많이 버는 거죠. '잘 사는 것=부자'라고 할 수 있습니다.

학생 C : 글쎄요. 꼭 돈이 많다고 잘 산다고 보기는 힘들다고 생
각해요. '자신의 삶에 만족하는 삶'이 아닐까요?

학생 D : 자신이 하고 싶은 것을 마음껏 하고 사는 삶입니다.

학생 E : 자유롭게 사는 것입니다.

이때, '돈'이라고 대답했던 학생 B가 나섭니다.

학생 B : 그러니까요. 너희들이 말한 거, 만족한 삶, 하고 싶은거,
자유롭게 사는거.... 그거 다 하려면 돈이 필요하다니까!!

이에 질세라, 학생 C가 반격을 가해옵니다.

학생 C : 꼭 그렇다고 볼 수 없습니다. 자본주의 사회에서 '돈'을
벌기 위해서는 그만큼의 '시간'을 투자해야 합니다. 돈을
버는 시간에는 자신이 하고 싶은 것을 못하게 됩니다. 그
러면 자신의 삶에 만족할 수 없게 됩니다. 즉, 돈을 번다
는 것은 자유와 돈을 바꾸는 일입니다. 잘 살기 위해 돈
을 벌어야 하는 것은 행복을 위해 행복을 버리는 어리석
은 행동이 아닐까요? 따라서 인간은 자신의 삶에 만족하
며 너무 돈! 돈! 돈! 하며 살면 안 됩니다.

학생 B : ……

재치 있는 학생 E가 분위기를 전환하며 다음 주제로 넘어갑니다.

학생 E : 책에서 저자는 '무엇인가를 깨닫는 것'이 진정한 공부라
　　　　고 합니다. 여러분이 생각하는 공부와 어떻게 다른가요?

학생 D : 공부는 시험을 치르기 위한 것입니다.

학생 A : 공부는 무조건 암기하는 것입니다.

학생 E : 그렇다면, 이 책을 읽고 '공부에 대한 생각이 바뀌었나
　　　　요?

학생 C : 물론입니다. 공부는 생각하는 것입니다.

학생 B : 공부는 재미가 있어야 합니다.

학생 C : 이 책을 '한 마디'로 소개한다면?

학생 A : 생각의 중요성을 알려주는 책입니다.

학생 B : 잘 사는 방법을 알려주는 책입니다.

학생 D : 지혜롭게 사는 방법을 알려주는 책입니다.

재미있는 것은 위의 토론에서 행복하려면 '돈'이 필요하다고 했
던 학생 B가 '독서동아리'를 마치면서 한 말입니다.

학생 B : 잘사는 것은 돈이 많은 것이라고 생각했는데, 지혜롭게
　　　　산다는 것이 잘 사는 것임을 알았습니다. 어쨌든 나도 지
　　　　혜롭게 살고 싶습니다.

아이들은 소감을 나누며 '독서동아리' 활동을 마무리합니다.

"철학은 좀 이상하고 어려울 줄 알았는데 그냥 평소에 생각
하는 것 자체가 철학이고 진리라는 것이 신기합니다."
"철학이 생각한다라는 것을 깨닫게 되었습니다."
"우연히 일어난 일, 실수를 했을 때 우왕좌왕 할 수 있는데
이것을 기회로 삼고 새롭게 변화시킨다는 것이 창의적이고
독창적인 결과를 나오게 만든다는 것을 알았습니다."
"바보짓이 철학을 만들기도 하지 않을까? 책에서 작가는 인
라인을 타다가 이런 일을 겪었다고 하지만 이 일로 함부로
인라인을 타고 무리하진 않게 됐으니 그 만큼의 가치가 있다
고 생각합니다."

"잘 살고 싶어졌습니다." (전원 폭소)

청소년 '독서동아리'의 재미와 열기가 그대로 전해지나요? 한 권
의 책을 읽을 때마다 한 뼘씩 성장하는 아이들을 지켜보는 일은 무
엇과도 바꿀 수 없는 행복감을 안겨줍니다. 그렇지만 공부와 시험,
입시에 자유를 빼앗긴 아이들, 하루 12시간 이상의 살인적인 공부
량을 소화하는 한국의 청소년들은 정작 위에서 말하는 것처럼 '잘
살기 위한 공부'를 하고 있는 것일까요?

하버드대학 동아시아 언어문화학 박사 임마누엘 페트라이쉬는

오랫동안 한국에 살면서 한국 교육에 대해 느낀 점을 말합니다. "한 시간 더 공부하면 남편의 연봉이 달라진다!"라는 한 여고의 급훈을 듣고, 한국의 웃픈(?) 현실을 명쾌하게 풍자한 글에 울어야할지, 웃어야할지 마음이 씁쓸했다고 합니다. 우리는 현재의 교육이 어디서부터 잘못된 것인지 잘 알지 못합니다. 하지만 분명한 것은 변화가 필요하다는 것이고, 그 변화의 출발은 독서로 가능하다는 희망입니다. 임마누엘 페트라이쉬는 다음과 같이 거듭 강조합니다.

"당신의 아이가 특별히 무엇을 읽거나 배우는 것이 중요한 게 아니다. 중요한 것은 당신의 아이들이 끊임없이 변하는

세계의 흐름을 파악하는 것이다. 그리고 정말 중요한 것은 그처럼 끊임없이 변하는데도 변하지 않는 진리가 있다는 것을 통찰하는 판단력이다. 그 판단력은 어릴 때부터 사람들과의 꾸준한 토론을 통해 훈련되는 것이다." - 임마누엘 페트라이쉬 -

그는 "인생은 속도가 아니라 방향입니다."라고 말합니다. 이는 청소년 자녀를 둔 이 시대의 부모님에게 가하는 일침입니다. 중요한 것은 남보다 빨리, 더 좋은 목적지에 도착하는 것이 아닙니다. 목적지에 가던 중 늦게 오는 친구가 있으면 손 내밀어 끌어주고, 당겨주면서 함께 가는 따뜻한 마음을 심어주는 것이 우리 어른들이 해야 할 몫이 아닐까 생각합니다.

"인간은 교육을 통하지 않고는
인간이 될 수 없는 유일한 존재다."

|

칸트

〈독서토론〉을 위한 소감 발표의 기술

    소통의 시대에 '말하기'는 기본입니다. 공적으로나 사적으로나 여러 사람 앞에서 말을 할 기회가 많아지면서 자신의 생각을 표현하는 능력이 중요해지고 있습니다. 독서토론에서 빠질 수 없는 중요한 요건 중 하나도 '말하기'입니다. 원활한 소통을 위해서는 어느 한쪽의 일방적인 말하기가 아닌 말하는 사람과 듣는 사람이 '뜻이 통하여 오해'가 없어야 합니다. 책의 내용을 설명하고, 인상적인 부분에 대해 이야기하고, 의견이 엇갈릴 때는 상대방을 설득해야 하기 때문입니다.

    하지만 사람들 앞에만 서면 긴장되어 하려고 했던 말도 모조리 잊어버리고 만다는 사람들이 있습니다. 그래서 이내 사람들 앞에 말하는 것을 꺼리고 포기하는 경우도 있습니다. 한국 사람들에게는 여러 사람들이 있는 자리에서 스피치를 한다는 것은 낯선 경험입니다. 익숙하지 않아 뒤로 빼게 됩니다. 왜냐하면 우리나라는 아직 스피치 문화, 토론 문화가 정착되어 있지 않기 때문입니다. 초중고 교육에서도 '말하기'를 위한 토론교육은 거의 전무하다시피 합니다. 대학에서도 마찬가지입니다. 이런 상황에서 주위의 시선을 한 몸에 받는 말하기에 부담감을 느끼는 것은 어찌 보면 당연한 결과일 것입니다. 한국 사람들은 자신의 존재감을 드러내지 않고 조용히 있고 싶어 하는 사람이 그 반대의 사람보다 훨씬 많습니다. 그래서 '독서동아리'에 가입하려다가도 망설이게 됩니다.

하지만 조금만 용기를 내서 '독서동아리'에 가입하여 읽은 책에 대해서 다른 사람들과 나누는 경험을 하다보면 '말하기'에 대한 두려움을 크게 줄일 수 있습니다. 독서토론을 위한 소감 발표는 연단에 나서서 형식과 격식을 갖춰서 하는 거창한 스피치가 아니라 편안하고 자유로운 분위기에서 의자에 앉아서 하는 말하기입니다. 때문에 독서토론에서 조금씩 자신의 의견을 표현하다가 보면 '말하기'에 자신감을 얻게 됩니다. 실제로 독서토론에 참여하면서 말하기가 월등히 향상되는 사람들을 많이 봅니다. 처음 에는 말 한마디 못하고 듣기만 하고 돌아갔지만 차츰 스피치의 양이 늘어나면서 몇 달이 지나자 조리 있게 자신의 생각을 표현하는 최고의 연사가 되어가는 모습을 보게됩니다. 말하기는 '훈련'을 하면 할수록 잘하게 된다는 사실을 확인하는 순간입니다.

그렇다고 해서 아무렇게나 말하는 것은 아닙니다. '말만 잘'해서는 곤란합니다. 독서토론에서 필요한 말하기는 '설득과 소통을 위한 말하기'입니다. 이를 위해서는 독서토론에 참여하기 전에 읽은 책에 대해서 자신의 생각과 느낌을 정리해 보는 것이 필요합니다. 독서토론을 위한 소감발표는 다른 사람들에게 자신의 생각과 느낌을 표현하기 위한 것이므로 무엇보다 정리력과 전달력을 갖추어야 합니다.

책을 읽고 그 책에 대해 설명할 수 있다는 것은 책의 내용을 잘 이해하면서 읽었다는 뜻입니다. 읽기는 읽었는데 내용이 무엇인지, 인상적인 부분은 어디인지 자신의 언어로써 설명할 수 없다면 그 책을 제대로 읽었다고 보기는 어렵습니다. 책에 대해 자신의 소감을 발표하기 위해서는 다음과 같은 방법으로 미리 정리를 해보고 낭독으로 여러 번 읽어 보는 훈련이 필요합니다.

■ 독서토론을 위한 소감 발표의 기술

① 책 소개	
② 책에 대한 전체적인 느낌	
③ 인상적인 부분	
④ 책을 통해 새롭게 알게 된 점	

① 책 소개

책을 간략하게 소개합니다. 책에 담긴 핵심적인 내용과 저자 소개가 들어가도 좋습니다.

〈예시〉

신영복 선생님은 _____ 살아오셨습니다.

이번에 내신 책 〈담론〉은 _____ 내용을 담고 있습니다.

저자가 전달하려고 하는 핵심은 _____ 입니다.

② 책에 대한 전체적인 느낌

책을 읽게 된 동기와 배경, 처음 접했을 때의 느낌과 다 읽고 난 후의 생각을 정리합니다.

〈예시〉

이 책은 지인의 추천으로 읽게 되었습니다.

이 책을 처음 읽기 시작했을 때(는) _____ 는 생각이 들었습니다.

다 읽고 난 후에(는) _____ 라는 생각입니다.

③ 인상적인 부분

이 책에서 특히 인상적인 부분은 _____ 입니다.

그 이유는 _____ 입니다.

④ 책을 통해 새롭게 알게 된 점

이 책을 통해 새롭게 알게 된 점은 _____ 입니다.

앞으로는 _____ 해야겠다는 생각이 듭니다.

물론, 위의 형식대로만 해야 된다는 것은 아닙니다. 하나의 사례일 뿐입니다. 위에 제시한 틀을 중심으로 정리하고, 소리 내어 읽어 보는 훈련을 하다 보면 군더더기 없고, 매끄러운 말하기를 할 수 있을 것입니다.

"말이 쉬운 것은 결국
그 말에 대한 책임을 생각하지 않기 때문이다."

|

맹자

말과 글의 논리

"그게 무슨 새삼스러운 일도 아니고, 그런 가운데 우리의 핵심 목표는 올해 달성해야 할 것이 이것이다 하고 정신을 차리고 나아가면 우리의 에너지를 분산시키는 것을 해낼 수 있다는 그런 마음을 가지셔야 됩니다." - A -

위의 말은 어느 고위공직자가 회의장에서 한 발언입니다. 위의 발언만을 놓고 볼 때, 우리는 A가 무엇을 말하고자 하는 것인지 도통 알 수가 없습니다. A의 전체 발언을 전부 옮겨 적어 보더라도 핵심 메시지를 파악하기 어렵습니다.

논리란 말이나 글이 갖는 이치(理致)를 말합니다. 말의 논리란 들는 사람에게 전달하고자 하는 주장과 이를 뒷받침할 만한 정당한 근거가 있을 때 성립됩니다. 글의 논리도 마찬가지입니다. 글을 쓰는 사람의 주장에 대한 근거가 이치에 들어맞아야 하는 것입니다. 누가 보더라도 '그럴 만하다'라고 고개가 끄덕여져야 한다는 뜻입니다. 그런 의미에서 말과 글이 갖추어야할 논리는 같습니다. 위의 A는 논리는커녕 무슨 말을 하고자 하는지도 제대로 전달이 안되고 있습니다. 이것은 비단 A만의 문제는 아닙니다. 실제로 화려한 언변을 자랑하는 사람의 말을 녹음했다가 글로 받아 적어 보면 난감할 때가 많습니다. '의미 파악도 안 되고, 정작 들을 만한 게 없는 횡설수설'에 가깝기 때문입니다. 그렇다면 다음의 예를 살펴봅시다.

"① 저는 이른바 신인류의 삶을 제시하는 것이 20세기와는 완전히 다른 새로운 100년, 탈 20세기 인식의 출발이라고 봅니다. ② 예를 들어, 16세기 르네상스는 신으로부터의 탈출이었잖습니까? 그렇다면 21세기 르네상스는 무엇일까요? 저는 그것을 국가 이념으로부터의 탈출이라고 봅니다. 그런데 안타깝게도 우리는 여전히 국가와 민족과 개인이 뭉뚱그려진 이념으로 살아가면서 심지어 종교까지 포함한 방식으로 더 악화되고 있어요. 여기에서 벗어나야 합니다. 이것을 저는 탈출, 미래를 위한 필수적인 탈출이라고 보고 그것이 인류 전체 역사로 보아 새로운 르네상스가 될 거라고 믿습니다. 어쨌거나 ③ 이 속에서 사람들이 자연스럽게 국가를 자기 틀 속에 재구성할 수 있어야 해요. 그게 시민으로 성숙해

지는 과정입니다. 저는 그것이 영국의 시민혁명 그 이상 가
는 새로운 시민혁명이라고 봐요." - B -

"정치인이 리더로서 어떤 비전을 제시할 수 있어야 한다고 보십
니까?"라는 질문에 대한 B의 답변입니다. 앞의 A와는 확연히 다른
말의 구조를 가지고 있습니다. 먼저 ① 전달하고자 하는 메시지를
말하고 ② 예를 들어 근거를 설명하고, ③ 주장과 근거를 통해 결론
을 도출하면서, 다시 한 번 주장을 강조하며 마무리하고 있습니다.
A의 말하기와 비교해 볼 때, '주장+근거+결론'의 형식이 훨씬 균형
적입니다.

말과 글에서 갖추어야 할 요건 중 하나는 '논리'입니다. 논리성을
갖추기 위해서는 자신이 내세우는 주장에 대한 근거가 '이치(理致)'
에 맞아야 합니다. 이치(理致)란, 그 시대의 사람들이 보편적으로 인
정하고 받아들이는 통념이라 할 수 있습니다.

따라서 설득력 있는 근거로 올 수 있는 것은

① 직접경험과 간접경험
② 객관적으로 검증될 만한 사실
③ 전문가 및 권위 있는 사람의 의견이나 증언
④ 일반적인 여론

등이 있습니다. 이러한 근거들이 보편타당성을 갖추었을 때 우리는 '논리'가 있다고 말합니다.

또한 주장과 근거에 대해 상대편이 반박할 만한 의견은 무엇인지 예상해 보아야 합니다. 바로 '자신의 주장'에서 멀리 떨어져서 객관적으로 바라볼 줄 알아야 합니다. 억지스러운 주장을 펼치고 있는 것은 아닌지, 제시한 자료가 신빙성이 있는지, 설득력 있는 근거를 제시하고 있는지, 주장과 관련 없는 근거로 논점을 흐리고 있는지를 꼼꼼히 따져 봐야 하는 것입니다.

'생각'이 빠진 말과 글은 아무리 유창한 언변의 소유자라해도 공허하고 빈약할 수밖에 없습니다. '생각'이 없는 말과 글은 들으나 마나, 읽으나마나한 잡문이 되기 십상입니다.

이처럼 '논리'를 세워서 말을 하고 글을 쓰는 행위는 최고의 사고력 훈련인 동시에 표현력을 기르는 연습입니다. 우리는 글을 쓰듯이 말을 하는 훈련이 필요합니다. 생각하는 방법을 모르거나, 생각하는 힘이 부족하다고 느끼면 주장과 함께 설득력 있는 근거를 제시하는 글쓰기를 먼저 한 후, 그대로 말을 해보는 훈련이 필요합니다. 꾸준히 하다보면 오바마도 울고 가는 스피치력과 헤르만 헤세가 고개 숙이는 문장력을 기를 수 있을 것입니다.

여기서 하나 더 강조하고 싶은 것이 있습니다. '논리'로만 무장한

166

말과 글에서 놓쳐선 안 될 것은 '진정성'과 '따뜻함'입니다. 말과 글은 사람이 하고 씁니다. 사람의 마음은 앞뒤가 딱딱 들어맞는 논리로만 움직이지 않습니다. 바로 논리에 사람의 아름다운 마음이 더해졌을 때, 사람의 마음을 움직일 수 있고, 멋진 말과 글이 될 수 있습니다. 바로 '아름다운 논리'입니다.

"독서는 직접 경험한 것보다 더 많은 것을 우리에게 줄 수 있다.
즉 주의 깊게 책을 읽는 사람은 자신이 읽고 있는 것을 되풀이해서
생각해 보지만 아무 생각 없이 하는 경험은
그야말로 아무 짝에도 쓸모가 없는 것이다."

|

세르반테스

느리고 깊게 읽는 즐거움, 낭독

낭독(朗讀)이란 글을 '소리 내어 읽는다'라는 뜻입니다. 지금은 그 모습이 거의 사라졌지만 낭독은 태초의 독서법 중에 하나였습니다. 고대 초기에는 문자를 해독한 사람이 문맹자들을 위해서 텍스트를 소리 내어 읽었습니다. 또한 낭독은 문자가 띄어쓰기 없이 낱말과 낱말을 연결해 쓰는 연속기법으로 기록되었기 때문에 소리내어 읽지 않으면 그 뜻을 파악하기가 어려워서 사용되었던 읽기 방법입니다. 그 후 활판 인쇄의 보급으로 책의 양이 늘어나고 독자들이 다양한 수준으로 문자를 직접 인식하는 기회가 많아지면서 낭독에서 묵독으로 이행하게 됩니다. 묵독으로도 의미를 파악할 수 있게 되었고, 또 많은 책들이 보급되기 시작하자 한 줄씩 읽으면서 하는 필사도 점차 사라지면서 낭독은 자취를 감추게 되었습니다. 하지만 근래에 들어와서 다시 낭독이 주목을 받고 있는 이유는 그 효과 때문입니다.

국내외 연구에 따르면 낭독의 효과는 다음과 같습니다.

1. 읽기 정확도 향상
2. 읽기 흥미도 증진
3. 이해력 신장
4. 어휘력 신장
5. 독해력 향상
6. 언어 유창성 향상
7. 말하기의 두려움과 수줍음을 없애는 효과(의사소통 능력 향상)

일본의 뇌 과학자 가와시마 류타 교수는 실험을 통해 낭독과 묵독의 효과는 각각 다르다는 것을 밝혀냈습니다. 류타 교수는 크게 소리를 내는 것이 두뇌 발달에 도움이 된다고 주장합니다. 다음날 할 일을 생각할 때와 간단한 계산 문제를 풀 때, 그리고 텔레비전을 볼 때와 소리를 내서 책을 읽을 때 등 일상적인 활동을 할 때의 뇌 활동모습을 조사한 그는, 계산할 때와 소리 내어 책을 읽을 때에 뇌의 전전두엽(Prefrontal, 장기기억이 아닌 단기기억을 담당하는 부위)부분이 가장 활성화된다는 것을 밝혀냈습니다. 전전두엽이란 인간에게만 있는 고유의 영역으로 고도의 사고기능을 담당하는 부분입니다. 전전두엽은 언어라든가 기억, 추론, 의사결정 등의 역할을 담당합니다. 이렇게 학습에 중요한 역할을 하는 전전두엽이 소리 내서 책

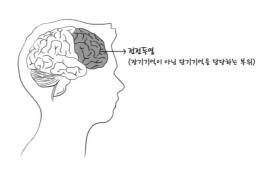

전전두엽
(장기기억이 아닌 단기기억을 담당하는 부위)

을 읽을 때 활성화된다는 것은 상당히 중요한 의미가 있습니다. 하지만 크게 소리 내서 읽는 이런 학습 방법은 고도의 사고를 요하는 계산이라든지 논리력 면에서는 저하될 수 있다고 합니다. 말의 속도보다는 생각의 속도가 3배 이상 빠르기 때문에 몰입하기 위한 단계에서 크게 소리를 내게 되면 생각의 속도와 충돌하게 되며 결국 깊은 생각을 요구하는 학습에서 소리는 오히려 방해요소가 될 수 있다고 합니다.

또한 『종이책 읽기를 권함』의 저자 김무곤은 19세기 이후 독자의 습관에 맞게 글의 내용도 '내면화'되어가면서 혼자서 묵묵히 읽고 내면에 간직해두기 좋은 내용으로 책의 내용이 바뀌어갔다고 말합니다. 그 뿐 아니라 묵독이 일반화되자 순식간에 책에 담긴 표현도 풍부해졌다고 합니다. 책을 소리 내어 읽던 시대에는 아무래도 표현이 담백하거나 우회적일 수밖에 없었는데 혼자 소리 내지 않고 읽는 독자를 전제로 쓴 글은 그 내용이 훨씬 더 풍부해 질 수 밖에 없다고 합니다.

고전평론가 고미숙은 『낭송의 달인, 호모 큐라스』에서 사람의 '소리'로 그 사람의 몸 상태를 알 수 있고, 운을 짐작할 수 있다고 합니다. 가령, "목소리는 신장에 그 뿌리가 있다. 간병에는 목소리가 슬프고, 폐병에는 목소리가 급하다. 심병에는 목소리가 굳세고, 비병에는 목소리가 느리며, 신병에는 목소리가 가라앉는다. 대장병에는 목소리가 길고, 소장병에는 목소리가 짧다. 위병에는 목소리가 빠르고, 담병에는 목소리가 맑으며, 방광병에는 목소리가 약하다 『동의보감』(허준, 동의보감출판사)."라며 소리가 곧 팔자라고 말합니다. 이는 소리 내어 읽기가 건강과도 밀접한 관계가 있음을 보여줍니다.

> "소리 내어 읽게 되면 문장이 몸에 배게 된다. 본래 자신의 외면에 존재하던 생소하고 어려운 문장이 서서히 내면에 들어오게 되고 자신의 것이란 느낌이 들게 된다. 그렇게 언어를 '신체화'하는 가장 강력한 방법이 음독이다."
>
> - 『독서력』, 사이토 다카시 -

또한 낭독은 몸으로 책을 읽는 것과 같습니다. 눈으로 글자를 인식하고, 머리로 그 의미를 분별하고, 성대를 통해 나오는 소리는 몸과 정신이 하나가 되는 열락(悅樂)입니다. 낭독을 하게 되면 다른 생각을 할 수가 없습니다. 오로지 책과 나, 두 개의 세계만 존재합니다. 혼탁한 정신은 정화되고 여러 갈래로 뻗쳐있는 기(氣)를 한 곳으로 모으는 수양(修養)입니다. 답답한 마음이 들 때 소리를 내어 책을 읽다가 보면 가슴이 뻥 뚫리는 기분이 듭니다. 몸 안에 웅크리고 있던 화기(火氣)가 입을 통해 빠져나가는 느낌이 들 때도 있습니다. 또한 입을 통해 나온 언어는 묵독으로 읽었을 때와는 다르게 책의 내용을 보다 선명하게 전달해 줍니다. 이는 체험해 본 사람만이 알 수 있고 누릴 수 있는 기쁨입니다.

위에서 살펴보았듯이, 낭독과 묵독은 인류와 함께 해온 독서법으로 각각의 장점이 있습니다. 여기서는 '독서동아리'에서의 '낭독'의 이로움을 조금 더 부각시키려고 합니다. 다른 여러 이유도 있겠지만 동아리 사람들과 '낭독'으로 책을 느리고 깊게 읽으면서 자신을 가다듬는데 도움이 된다는 것을 체험으로 깨달았기 때문입니다. 여러 사람이 돌아가면서 책을 읽는 낭독은 깊은 유대감을 형성합니다. 책을 읽는 감동을 함께 나누는 행복감을 그 자리에 있는 사람들이 모두 공유하는 것입니다.

'독서동아리'에서 '낭독'용 책으로 적합한 것은 혼자 읽기에 버겁고, 어려운 고전이나 철학책이 좋습니다. 어려운 의미가 담긴 책도 낭독을 하면서 이해가 되는 경험을 많이 했습니다. 또한 사람마다 그 해석이 달라 고전 읽는 즐거움이 배가 되는 기쁨도 있습니다. 낭독으로 좋은 책은 『일리아드 오딧세이(천병희, 숲)』과 『짜라투스트라는 이렇게 말했다(니체, 책세상)』, 『논어』, 『공자(홍익출판사 시리즈)』 등이 있습니다.

"독십편불여사일편〔讀十遍不如寫一遍〕

열 번 읽기보다 한 번 베끼는 것이 이해와 기억에 더 낫다."

글쓰기의 중핵, 필사

　책을 읽다 보면 마음에 드는 문장을 만나게 됩니다. 심금을 울리는 감동적인 문장부터, 정수리를 내리치는 정신이 번쩍 뜨이는 문장, 우주의 이치가 담긴 통찰에 이르는 문장까지. 언제부터인가 저는 이런 문장들을 하나라도 더 내 것으로 만들고 싶어 노트에 옮겨 적기 시작했습니다. 그렇게 옮겨 적은 노트가 쌓여 10권, 컴퓨터 한글 파일에 베껴 쓴 것이 수 백 장이 넘어갈 때 쯤, 자연스럽게 나도 글을 쓰고 싶다는 생각이 들었고 점점 쓰고자 하는 열망이 강해졌습니다. 그리고 그럴 때마다 필사가 가진 엄청난 힘에 감탄하곤 합니다.

　필사는 언어의 감각을 몸속 세포에 박아 넣는 행위입니다. 눈으로만 인식되어 들어오는 문자화된 언어들은 쉽게 빠져나가 버립니다. 글의 영양분을 몸 속에 흡수시켜 건강해져야 하는데, 먹자마자 전부 배출하고 마는 것입니다. 필사는 글의 영양분을 몸 속에 빨아들이는, 피가 되고 살이 되는 독서입니다. 읽으면 휘발되어 버리는 언어가 아니라 신체에 어떻게든 그 흔적을 남깁니다. 머리만 기억하는 글이 아닌 손이 기억하고, 몸으로 체득(體得)하는 능동적인 독서행위 입니다. 몸 속에 박힌 이러한 언어 감각들은 글을 쓸 때나, 말을 할 때 자신도 모르게 튀어나옵니다. 번쩍이는 아이디어를 주는 것도 대부분은 필사를 한 부분에서 나오는 경우가 많습니다.

필사는 그 자체로 훌륭한 글쓰기 연습입니다. 글을 쓰려고 굳게 먹은 마음이 작심삼일로 끝나고 마는 것은 백지가 주는 공포 때문입니다. 하얀 종이 위에 무엇을 써야 하나 고민하다가 몇 줄 끼적이다 보면 더 이상 쓸 게 없어 포기해 버립니다. 그런데 필사는 그야말로 베껴 쓰기만 하면 되는 것이기 때문에 팔이 아파 중단하지 않는 이상 언제까지나 지속적으로 실천할 수 있습니다. 소재가 고갈될 걱정도 없습니다. 관심가는 텍스트를 골라 꾸준히 필사를 하다 보면 어느새 직접 나의 글을 쓰는 날이 오게 될 것입니다. 감성을 키우고 싶다면 시나 소설을, 논리적인 감각을 기르고 싶다면 칼럼이나 비평을 필사하는 것이 큰 도움이 됩니다.

베껴 쓰기라고 해서 무턱대고 옮겨 적기만 하는 것은 백해무익합니다. 손목만 아플 뿐입니다. 필사를 할 때는 허리를 펴고 바른 자세와 고요한 마음 상태를 가지려고 노력해야 합니다. 저는 이것을 일종의 필사에 대한 예의라고 생각합니다. 글을 쓴 작가에 대한

讀 독 十 십 遍 편 不 불 如 사 寫 독 一 일 遍 편

감사함이기도 하고요. 필사를 할 때는 한 문장을 읽어보고 되도록 외워서 그대로 노트에 옮겨 적는 식으로 합니다. 한 문장은 보통 한 두 줄 밖에 되지 않으므로 그 자리에서 읽고 암기해서 쓰는 것은 그 리 어렵지 않습니다. 이렇게 전체를 필사 한 후, 소리 내어 읽어보 고, 글을 보지 않고 내 소리만으로 읊어보기도 합니다. 그리고 저자 의 메시지가 무엇 인지를 나름대로 가늠해 본 후 필사를 마무리 합 니다.

필사는 글을 정확하고 깊이 있게 이해하는 데 도움을 줍니다. 눈 으로만 읽었을 때 놓쳤던 부분도 필사를 하면 그 뜻을 알게 됩니다.

반복해서 읽어도 이해가 안 되는 어려운 글을 필사를 해보면 단번에 이해되는 경우도 있습니다. 글을 여러 번 읽은 효과를 주는 것이죠. 그래서 글을 분석하는 능력도 좋아집니다. 글의 구조와 적절한 어휘 선택, 문장의 배치를 자연스레 익히게 됩니다. 풍부한 어휘력은 덤으로 얻을 수 있습니다. 글을 쓸 때 글의 분위기에 맞는 적당한 말이 생각이 안나 답답했던 경우가 있습니다. 필사를 하다보면 다양한 어휘를 배우고 익힐 수 있습니다.

필사는 최고의 생각 훈련법입니다. 글은 저자가 한 생각의 결과물입니다. 비문학으로 분류되는 글은 대부분 저자의 주장과 근거로 구성되어 있습니다. 한마디로 저자의 사고과정이 어떤 흐름으로 연결되는지 필사를 통해 배울 수 있습니다. 저자는 어떻게 사고하고 글로 표현하는지 그대로 따라가 보는게 필사입니다. 필사를 반복하다보면 좋은 글을 보는 안목이 자연스레 생기게 됩니다. 풍부한 어휘력을 바탕으로 적절한 표현을 구사하고 있는지, 이 사람은 주장은 이러한데 그 근거는 논리적으로 타당한지 쉽게 알아채게 됩니다. 필사는 엄청난 정신적 에너지를 필요로 합니다. 손으로 쓰는 행위와 머리로 해독하는 과정이 동시에 일어나기 때문입니다. 이는 한 곳으로 몰입하는 집중력 향상으로 이어집니다.

옛 선현들 중에 필사의 대가는 단연 다산 정약용선생입니다. 초서(抄書)라 하여 중요한 부분에 표시를 하고 베껴 쓴 뒤 자신의 생각을 덧붙여 쓰는 일을 평생 동안 실천하였습니다. 시인 안도현이 대학시절 백석 시인의 시를 노트에 옮겨 적은 일화는 이미 유명합니다. 시골의사로 알려진 박경철도 베껴 쓰기를 꾸준히 실천하고 있습니다. 그는 『시골의사 박경철의 자기혁명』에서 언어를 다루는 능력을 기르기 위해 베껴 쓰기를 한다고 했습니다. 『태백산맥』의 저자 조정래는 '필사는 정독 중의 정독이다'라고 말하며 아들과 며느리에게 필사를 권했다고 합니다.

필사도 혼자 하는 것보다 '독서동아리' 회원들과 함께하면 좋습니다. '필사 모임'을 만들어 필사한 경험과 생각을 나누고, 같은 책을 필사하면서 얻은 성취감과 함께하는 공유의 기쁨을 누릴 수 있습니다. 무엇보다 필사를 하면서 표현력이 좋아지는 자신과 동료들을 볼 수 있습니다. 함께 성장하는 행복감을 가져다줍니다.

끝까지 버티는 사람이 승리의 단맛을 보게 됩니다. 매일 한 문장, 한 문단씩 필사를 실천하다 보면 굳건한 교양과 지성이 갖추어질 것이고 삶은 더 풍요로워질 것입니다. 필사를 시작합시다. 지금 당장.

〈독서동아리〉 진행 과정과 독서법

"가장 중요한 것은 결코 질문을 멈추지 않는 것이다.
호기심은 그 자체만으로도 존재 이유를 갖고 있다."

알베르트 아인슈타인

꾸준히 독서를 하고 싶다면, 책 이야기를 나눌 수 있는 친구를 찾아야 합니다. '독서동아리'를 만들어 활동을 하라고 권하는 이유는 '함께 읽을 수 있기' 때문입니다. 대개 책은 혼자서 읽고 생각하는 지극히 독립된 행동입니다. 그런데 한 권의 책을 여러 사람이 읽고, 생각을 나누는 장이 마련된다면 어떨까요? 누구나 책을 읽고 자신의 생각을 말할 수 있고, 타인의 이야기에 귀를 기울이는 공간이 있다면, 그곳은 누구에게나 열린 '소통의 장'이 됩니다. 서로의 경험을 나누고 공감할 수 있다는 것은 관계에서 오는 즐거움뿐만 아니라, 책을 깊이 있게 있을 수 있는 기회가 됩니다.

'독서동아리'에서는 책을 읽은 간단한 소감만 나누고 이내 의미 없는 수다로 채워지지 않습니다. 이곳에서는 책을 어떻게 읽었는지 소감을 나누는 것으로 시작해, 책의 주제를 심도 있게 다루고, 책을 통해 나의 삶과 사회를 연결시키는 토론으로 나아갑니다. 다른 사람의 독서 경험을 공유하면서 자극을 받아 더욱 열심히 독서에 임하겠다는 다짐도 하고, 나와는 다른 의견을 들으면서 자신이 가진 생각의 균형감각을 키웁니다. 책이 중심이 된 이야기를 나누다 보면 독서를 하다가 내가 놓친 부분이 있다는 것을 알게 되고, 대수롭지 않게 넘긴 부분의 내용에서 중요한 의미가 있다는 것도 깨닫게 됩니다. 이렇듯 '독서동아리'에서 나누는 대화는 나의 삶의 지평을 넓히는 또 다른 방식의 독서입니다.

◆ '독서동아리' 모임 진행 과정

사전 준비	원활한 독서 모임을 위한 환경을 조성한다. - 장소 섭외 - 책상은 원형으로 배치 - 책과 활동지 - 간단한 음료와 간식
오프닝	- 진행자는 인사를 하고 안부를 물으면서 독서모임을 시작한다. - 진행자는 간단하게 책의 내용을 소개한다. - 낭독과 함께 책을 읽은 소감을 나눈다.
독서 활동	- 책의 주제를 중심으로 발제한 논제로 토론을 한다. - 토론시에는 다른 사람의 말을 귀담아 들으며 메모 한다. - 주제에 따라 간단한 글쓰기를 하고 발표를 한다.
소감 나누고 마무리	- 소감을 나눈다. - 진행자는 다음 차시를 예고한다.

　회원들은 모임 전에 다음의 방법으로 책을 읽고 준비를 하면 보다 재미있고 의미 있는 '독서동아리' 시간이 될 수 있습니다.

① 책을 읽으면서 인상적인 부분에 밑줄을 그어 표시하고 컴퓨터나 노트에 옮겨 적는다.

② 책과 관련하여 떠오르는 직·간접 경험이나 생각을 적는다.

③ 책을 읽고, 다른 사람과 토론해 보고 싶은 주제를 뽑아 메모한다.

④ 책의 좋은 점과 아쉬운 점을 적는다.

⑤ 이 책을 누가 읽었으면 좋은지 추천(비추천) 이유를 적는다.

　위의 활농을 바탕으로 독서 활동지를 작성한다.

◆ 독서 활동지

밑줄 그은 부분 (인상적인 부분)	
책과 관련된 경험	
토론해 보고 싶은 주제	
책의 장단점	
추천(비추천)과 그 이유	

글쓰기

4장

〈독서동아리〉 참여 후에는 무엇을 하나요?

- 읽으니, 쓰고 싶어지더라.
- 무라카미 하루키에게 배운 글쓰기 근육 단련법
  (100일 글쓰기)
- 글쓰기 초보를 위한 '독후감' 뚝딱 쓰는 법
- 글쓰기 고수로 가는 길 '서평' 쉽게 쓰는 법
- 퇴고로 다시 태어나는 글
- **Point** 〈독서동아리〉를 지속적으로 유지하는 방법

"모든 인간은 태어나면서부터 알고 싶어 한다."

|

아리스토텔레스

읽으니, 쓰고 싶어지더라

그동안 저의 독서 여정을 되돌아보니, 읽기의 씨앗은 대학시절에 뿌려진 것 같습니다. 돌이켜보면 대학시절은 맹렬하게 책에 빠져든 시기였습니다. 가정형편이 어려워 학교가 끝나면 용돈을 벌기 위해 지금은 없어진 종로 종각역 앞에 고려당이라는 빵집에서 아르바이트를 했습니다. 고려당 바로 옆에는 '종로서적'이라는 대형서점이 있었는데, 일이 끝나면 자연스레 종로서적으로 가서 책을 들춰보는 게 일이었습니다. 가난한 대학생이 돈이 없어도 할 수 있는 일은 서점이나 도서관에 가서 책을 보는 일입니다. 아무튼, 줄기차게 서점에 들락날락 하다 보니 아르바이트로 번 돈의 대부분을 책값으로 지출하는 사태가 벌어졌습니다. '책을 보기만 하고 구입하지 않는 데에 대한 미안함'도 컸습니다. 그 시절 읽었던 빛바랜 책들은 20년이 지난 지금도 내 책장에 고스란히 꽂혀있습니다. 책은 저의 청춘의 굴곡을 지켜봤고, 저는 책들이 점점 누렇게 변하는 모습을 함께 했습니다. 책은 나와 20년 이상을 함께한 평생지기인 셈입니다.

기억을 더듬어 보면, 그 당시 밤을 지새우며 읽던 조정래의 『아리랑』은 저의 촉수를 풍향계처럼 예민하게 만들었던 것 같습니다. 일제 강점기라는 역사의 소용돌이 속에서 자유의지를 빼앗긴 채 짓밟히는 책 속 인물들을 보며 인간이 가진 치졸함, 배신, 질투를 대면했습니다. 고통과 절망으로 가득 찬 세상을 왜 살아야 하는가와 같은 쉽게 대답할 수 없는 질문들에 대한 정답을 찾기 위해 머릿속은 복잡했습니다. 서점 구석에서 조용히 책장을 넘기는 시간은 바로 '대답할 수 없는 질문'과 싸우는 순간이었습니다. 내가 가진 보잘 것 없는 경험으로 세상을 짐작하기에는 힘겨웠습니다. 이런 나와는 상관없이 세상은 잘도 돌아갔습니다. 어쨌든 신기하게도 책읽기의 치열한 몸부림이 끝나면 여지없이 행복감이 밀려왔고, 알 수 없는 자유와 해방감을 느꼈습니다.

그러나 세상은 만만하지 않았습니다. 주위 어른들은 충고했습니다. "공부를 잘해야 좋은 직장에 들어갈 수 있고, 그래야 돈을 많이 벌 수 있으며 그래야 좋은 사람 만나 평생 잘 살 수 있다."라고. 그러나 나의 눈에 비친 세상은 달랐습니다. 일류대학을 나와도 다른 가족에게 신세를 지고 사는 친척도 있었고, 좋은 직업을 갖고도 시간과 일에 쫓겨 행복을 유예하는 사람도 수두룩했으며, 좋은 사람을 만나도 내면의 불행으로 울타리에 갇혀 사는 사람도 많았습니다. 어른들의 말은 논리에 안 맞는 것이었습니다. 오히려 현실과 맞서며 치열한 삶을 사는 사람들은 책 속에 있었습니다. 저에게는 책 속 인물들의 삶이 더 큰 울림으로 다가왔습니다. 성공을 위해 맹목적으로 달려가다 부나비처럼 사라지는 『위대한 개츠비』의 주인공 개츠비의 삶에서 연민을 보았고, '무엇이 위대한가.'에 대해 골몰했습니다. 누구나 부나비가 될 수도 있다는 보편성에 놀랐고 나도 자유롭지 못하다는 사실에 불안했습니다. 『주홍글씨』의 헤스터를 보며 내 가슴에 박힌 주홍글씨는 무엇일까를 생각했습니다. 언제든지 벼락처럼 날아올 수 있는 참기 힘든 모욕으로부터 나를 지켜내는 것이 진짜 내가 살아가야 할 세상의 모습이 아닐까 막연히 상상했습니다.

이렇게 현실과 이상의 거리감은 책으로 좁힐 수 있었지만 닥친 현실은 용암처럼 솟아올랐습니다. 취업을 해야 했고 먹고살기 위해 경쟁의 출발선에 서야했습니다. 정말이지 책과 삶의 간격은 너무도 멀었습니다.

그 후, 저 또한 여지없이 하루하루 치열하게 살았습니다. 취직을 하고 정신없이 바쁜 직장생활을 하면서부터는 책을 읽을 여유가 없었습니다. 일에 시간과 자유를 파는 삶은 당연히 행복하지 않았습니다. 틈틈이 버스에서 지하철에서 책을 읽었지만 왠지 모르게 항상 마음이 답답했습니다. 지금 생각해 보면 읽고 싶은 책을 읽다가 흥미가 떨어지면 중도에 그만둬버리는 혼자만의 독서였기 때문이 아니였을까 싶습니다. 그즈음 다른 사람은 어떻게 읽을까? 다른 사람도 이 책을 읽을까? 그 사람은 책의 이 부분에 대해서 어떻게 생각할까? 궁금했습니다. 하지만 1990년대 중반 책을 읽고 생각을 나누고자 하는 희귀한(?) 사람은 주변에 흔치 않았습니다. 독서모임을 만든다는 것은 생각조차 하지 못했지요. 읽기만 하는 독서는 더 이상 흥미를 자극하지 못했고 나를 만족시키지도 못했습니다.

독서에 대한 회의감이 밀려올 무렵 우연한 기회에 인터넷을 통해 책벌레들의 모임을 알게 되었습니다. 제가 처음 시작한 〈독서동아리〉였습니다. 책을 읽고 나누고 싶은 간절함이 있었던 저는 사막에서 오아시스를 만난 듯 펄쩍 뛰며 좋아했습니다. 예상대로 책벌레들의 모임은 기대 이상이었습니다. 저마다 자신이 읽은 책에 대해서 이야기를 하는 광경을 목도한 저는 그 신선한 충격으로 더욱 책읽기에 열을 올렸습니다. 우리는 '책'이라는 화두로 한 달에 한 번씩 만남을 이어갔습니다. 책은 고전, 현대소설, 철학, 정치, 경제, 사회, 경영의 분야들을 총 망라했습니다. 내가 취약한 부분의 경제, 경영 파트의 책을 읽고 토론을 할 때면 그 분야에 해박한 지식을 가진 이의 이야기를 들으며 경제가 돌아가는 시스템을 이해했습니다. 평소 말이 많은 성격은 아니지만 책을 주제로 이야기 하는 것에는 재미를 느끼게 되면서 말하기를 즐기게 되었으니 이 또한 놀라운 변화가 아닐 수 없었습니다.

1990년대에 학창시절을 거치면서 한 번도 토론을 해 본 경험이 없었던 저는 생각을 표현하는 것이 처음에는 굉장히 낯설었습니다. 하지만 만남의 횟수가 거듭되면서 토론이 익숙해졌고 독서가 즐거워졌습니다. 상대방의 의견을 주의 깊게 들으며 이해하려고 노력했고 나의 생각을 잘 전달하기 위해 말하기 연습도 했습니다. 독서토론을 통해 사람들이 가진 다양한 생각들을 교류하며 내가 가진 편견과 오해의 벽을 허물게 되었습니다. 나와 다른 의견이 있다는 것을 이해하고 받아들이는 놀라운 경험! 그로써 내가 더 나은 인간이 되고 있다는 기쁨을 느꼈습니다.

이렇게 독서에 빠지다 보니 자연스럽게 글도 쓰고 싶다는 열망이 생겼습니다. 그 후, 내가 보고 듣고 느낀 것들을 기록하기 위해 애썼습니다. 그 방법 중에 하나가 블로그를 만들어 내 삶을 기록하기 시작한 것입니다. 책에서 발췌한 부분, 여행기, 독후감, 짧은 단상, 영화 감상들을 간단하게 기록하다보니 삶이 더 재미있게 느껴졌습니다. 삶을 글로 쓰는 것이 아니라 글로 쓰면 그것이 내 삶이 되었습니다. 글로 쓸 수 없는 삶은 흐릿했고 시간이 지나면 흔적도 없이 휘발되고 말았습니다. 글로 내 인생의 흔적을 남긴다는 것은 분명 힘들고 지난합니다. 짧은 글이라도 완성하기 위해서는 엄청난 노력과 시간이 들어갑니다. 글쓰기는 누가 알아주는 것도 아니고, 전문 작가도 아니어서 돈을 벌 수 있는 일도 아닙니다. 어떻게 보면 별 의미 없어 보이는 일일 수도 있습니다. 하지만 난 그래서 더 읽고 쓰는 것에 매력을 느낍니다. 의미 없어 보여서 아무나 잘 하지 않는 일에, 나만의 의미를 부여해서 앞으로 밀고나갈 수 있는 힘!

그로써 행복을 느끼는 나! 이것은 바로 내가 주체적으로 살고 있다는 증거가 아닐까합니다.

> "글을 쓴다는 건 더 깊이, 더 많이 사는 것이다. 글쓰기는 진정한 영적인 길이며, 진정한 선의 방식이다. 글쓰기는 당신의 모습을 있는 그대로 보여주는 거울과도 같다. 누구도 특히 자기 자신을 속일 수 없다." - 나탈리 골드버그, 소설가 -

글쓰기는 완전하지 못한 나를 좀 더 나은 인간으로 만들어가는 과정이라 생각합니다. 글쓰기는 내가 가진 것 그 이상을 쓸 수가 없기에 솔직할 수밖에 없습니다. 글을 쓰면서 맨 얼굴의 나와 조우하고 어쩔 수 없이 내면의 두려움과 대면하게 됩니다. 신기하게도 글쓰기는 불안한 내 모습을 직면하게 하고 그것과 맞설 수 있는 용기를 줍니다. 나를 알아가는 긴 터널을 지나오면 조금씩 나아지는 자신을 발견합니다. 황무지와 같은 밭을 일구어 기름진 황토로 바꾸는 험난한 글쓰기의 여정을 겪어온 나의 손에 쥐어지는 것은 성찰입니다. 내 손과 발로 물레를 돌려 영혼을 한 올씩 직조하다 보면 훌륭한 나만의 창조물이 나옵니다. '나'라는 인간이 가진 생각의 파편들을 모아 가다듬어 내가 바라는 '나'로 거듭나게 되는 것입니다. 바로 나의 생각과 삶은 나의 손에 의해서 탄생하고 사그라지는 것입니다.

"글을 쓰지 않고는 도저히 생각할 수 없기 때문이다. 나는 먼저 읽고 나서야 글을 쓸 수 있다. 글로 써지기를 기다리는 새로운 생각의 파편들은 섬뜩한 불안과도 같다. 이런 불안에 휩싸인 채 생각을 정리하고 요약하면 어느새 불안은 사라진다. 모든 생각의 과정을 주어진 틀에 제대로 맞춰 넣기 위해서는 먼저 눈으로 읽어야 한다. 생각한 것을 줄에 맞춰 나란히 쓰다보면 꽤 균형 잡힌 내용으로 정리된다. 글로 표현하지 못한 생각들은 유산되거나 사산아처럼 어딘가에 묻혀 사라지게 될 것이다." - 지그문트 바우만, 사회학자(폴란드) -

결국 그냥 사는 것과 그것을 쓰면서 사는 것의 차이는 무엇일까요? 내가 말하는 모든 단어, 취하는 모든 행동들이 모여 삶이 됩니다. 이 중에서 글로 써지는 삶은 내가 기억하고 싶어 하고 아끼는 삶입니다. 그것은 내 인생에서 가장 '진실한' 한 일면이 아닐까 생각해봅니다. 그래서 보다 깊게 살고 싶어 하는 나에게 읽고 쓰는 삶은 필연일 수밖에 없습니다. 읽으면서 생각의 터를 잡고 쓰면서 깊게 파내려 가다보면 지혜의 샘물이 솟아오릅니다. 살아가면서 참담한 마음이 들 때마다 이때 마련해 놓은 샘물을 마시며 의연하게 살아갈 힘을 얻습니다. 읽고 쓰는 삶은 나를 지켜내는 가장 멀고도 가까운 길입니다.

"책을 읽을 때는
누구나 그 책에서 자기 자신을 읽는다."

|

가토슈이치

무라카미 하루키에게 배운
글쓰기 근육 단련법(100일 글쓰기)

달리는 소설가로 잘 알려진 무라카미 하루키는 제 마음 속 글쓰기 스승입니다. 그는 하루도 쉬지 않고 23년을 달렸다고 합니다. 처음에 하루키는 달리고 싶다는 순수한 열망으로 마라톤을 시작했다고 합니다. 달리기를 해서 무엇인가를 이루겠다는 거창한 목표의식이 아닌 어느 날 갑자기 소설을 쓰고 싶어서 펜을 잡은 것과 같은 이유로 달리기 시작했습니다. 그는 "인간이라는 존재는 좋아하는 것은 자연히 계속할 수 있고, 좋아하지 않는 것은 계속할 수 없게 되어있다." 라고 말합니다. 하루키는 '무언가를 얻으려 하면 얻을 수 없다.'는 당연한 진리의 의미를 놓치지 않았습니다. 순수한 열망으로 시작한 달리기와 글쓰기는 매일 집요하게 반복되는 훈련으로 그의 몸에 글을 쓸 수 있는 세포를 박아 넣고 마라톤을 할 수 있는 근육을 심어놓았을 것입니다. 몸에 자연스럽게 만들어진 근육과 세포는 25번 이상의 마라톤 완주와 더불어 그를 세계적 작가 반열에 올려놓는 밑거름이 되지 않았을까요?

아무리 좋아하는 일이라 해도 언제나 즐거울 수만은 없습니다. 달리기와 쓰기에 있어서 고통은 필연입니다. 자신이 지불한 만큼의 노력이 제대로 보상받지 못한다는 실망감은 하루키를 절망에 빠지게도 했습니다. 하지만 하루키를 다시 뛰게 한 건 마라톤과 글쓰기는 타인의 의지가 개입될 수 없는 오롯이 혼자 견뎌 내야 한다는 깨달음이었습니다. 그는 소설을 쓰는 것은 마라톤 풀코스를 뛰는 것과 비슷하다고 말합니다. 마라톤은 뛰는 운동이지 걷는 운동이 아니며 자신의 다리로 결승점에 도달해야 하는 운동입니다. 마찬가지로 소설도 독자의 손에 들어가기까지는 작가의 펜 끝으로만 가능한 행위입니다.

"나는 신체를 끊임없이 물리적으로 움직여 나감으로써, 어떤 경우에는 극한으로까지 몰아감으로써, 내면에 안고 있는 고립과 단절의 느낌을 치유하고 객관화해 나갔다." - 무라카미 하루키 -

하루키는 글을 쓰면서 받는 마음의 상처를 달리기를 하면서 치유한다고 고백합니다. 누군가로부터 까닭 모를 비난을 받을 때 그는 더 열심히 긴 거리를 달리면서 육체적으로 자신을 소모시키면서, 자신을 능력의 한계점까지 몰아가면서 그것을 소설이라는 그릇에 쏟아놓으려 했다고 말합니다.

저는 하루키의 집념과 노력을 보면서 큰 감동을 받았습니다. 하루키는 글쓰기에서 중요한 것은 재능이 아니라 오랜 시간 앉아 있을 수 있는 지구력과 인내심이라고 말합니다. 바로 작가로서 책상에서 오래 버틸 수 있는 끈기를 기르기 위해 달리기 시작했다는 하루키!

저도 처음에 글쓰기가 무척이나 힘이 들었습니다. 무엇인가를 쓰고 싶다는 열망은 컸지만 책상에 앉아 있을라치면 얼마 못가 딴 생각이 들고 엉덩이가 들썩들썩 했으니까요. 하루키의 이야기를 접하고 제가 내린 특단의 조치가 바로 100일 글쓰기였습니다. 차마 저는 하루키처럼 마라톤을 할 용기가 나지 않았습니다. 어쨌든 지인들과 의기투합하여 100일 글쓰기 모임을 결성했습니다. 100일 글쓰기란 하루도 빠지지 않고 A4용지 한 장 분량의 글을 매일 써내는 것이었습니다. 주제는 '내가 좋아하는 여행지 소개', '10년 후의 내 모습 묘사', '나는 죽을 때 어떤 사람으로 기억되고 싶은가?' 등으로 자유롭게 정했습니다. 십여 명으로 시작한 모임은 시간이 지날수록 탈락자가 속출했지만 저는 이를 악물고 매일 글쓰기를 실천했습니다. 이틀 동안 병원에 입원한 날도 있었는데 병상에서도 노트북을 가져다가 글을 쓰는 귀염을 토하기도 했지요. 하루하루 글쓰기 횟수가 많아지면서 놀라운 경험을 하게 됩니다. 엉킨 생각을 글로 정리하다보면 아주 명료해졌습니다. 글을 쓰면서 생각이 정리되고 또 쓰다보면 새로운 생각이 샘솟는 경험을 했습니다.

글쓰기 프로젝트는 100일이 되니 나를 포함해서 두 명만 남았습니다. 100일을 버틴 스스로가 너무 대견했습니다. 글을 쓰면서 사유의 폭도 넓고 깊어진 느낌이었고, 책이나 매체의 글을 읽을 때도 더 이해가 잘되었고 좋은 글과 부족한 글을 구분하는 안목도 생겼습니다. 무엇보다 글쓰기의 재미가 무엇인지 알게 됐고, 큰 소득은 글쓰기 습관이 붙었다는 것입니다. 글쓰기는 엉덩이로 쓴다는 말을 실감하는 소중한 시간이었습니다.

제가 '독서동아리' 회원들에게 100일 글쓰기를 권장하는 바로 '글쓰기의 근육'을 키우기 위해서는 이 보다 더 좋은 게 없기 때문입니다. 이 시점부터 '나라는 존재'는 두 개로 나뉩니다. 100일 글쓰기를 하기 전의 '나'와 100일 글쓰기를 하고 난 후의 '나'입니다. 그 후, 100일 글쓰기로 촉발된 나의 글쓰기 열망은 더욱 가속도를 붙여 독후감과 서평, 칼럼쓰기를 넘나들며 그 지평을 넓히고 있습니다.

■ 〈100일 글쓰기〉 제목 예시

1일 자기소개

2일 나는 왜 글을 쓰는가

3일 내가 좋아하는 놀이

4일 요즘 나를 떨리게 하는 일이나 사람

5일 최근 본 영화 소개

6일 여름이 가기 전에 해 보고 싶은 일

7일 (자유주제) 라디오 듣기

8일 내가 좋아하는 한 사람

9일 나는 죽을 때 사람들에게 어떤 사람으로 기억되고 싶습니까?

10일 나의 부모님에 대한 이야기를 해 주세요.

11일 나의 20대 가장 빛나는 명장면 한 순간

12일 나의 건강관리 노하우

13일 월 1000만원 정도의 수입이 매달 보장되는(평생) 일이 있다면, 당신이 진짜 하고 싶은 일은 무엇인가요?

14일 (자유주제) 나의 개똥철학

15일 내가 잘 하는, 즐겨하는 요리를 소개해주세요

16일 나의 미래의 어느 날, 미래일기 한편을 작성해봅니다!

17일 8월의 개인사 중 기억에 남는 3가지를 소개해주세요.

18일 '가을'하면 떠오르는 일, 혹은 나의 감상 등등

19일 살면서 누군가에게 가장 미안했던 적은 언제였나요?

20일 내가 가장 가보고 싶은 여행지, 죽기 전에 가보고 싶은 곳

21일 (자유주제) 대학생들

22일 나의 소중한 친구 중 한 명 소개

23일 가족 중 한 사람 소개

24일 가을에 떠나기 좋은 여행지 한 곳

25일 내가 좋아하는 단어 10가지

26일 감동적인 선물

27일 추석 명절을 앞두고

28일 (자유주제) 커피전쟁

......

"많이 보고 많이 읽음으로써 상상력은 증대된다."

|

세르반테스

글쓰기 초보를 위한
독후감 뚝딱 쓰는 법

김 : "그 책 재밌어?"

이 : "어. 재밌어."

김 : "무슨 내용인데?"

이 : "……그냥 좋은 이야기야."

대학생들이 나누는 대화를 우연히 들었습니다. 들고 있는 책을 보니 신영복 선생님의 『담론』이였습니다. 『담론』은 저자가 정치 사건에 휘말려 무기징역형을 받고 교도소에서 20년간 복역하다가 출소한 뒤 대학에서 학생들을 가르친 강의록을 중심으로 엮은 책입니다. 책에는 동양고전을 알기 쉽게 풀어주고, 인간에 대한 성찰과 수형시절 느꼈던 고통과 절망감이 진솔하고 담담한 문체로 담겨있습니다. 이 책은 독자들의 큰 공감을 얻으며 꾸준히 읽히고 있습니다.

위의 대화에서 이군의 "그냥 좋은 이야기야"라는 말의 의미는 무엇일까요? '책을 읽기는 읽었지만, 설명할 수 없는 상태'입니다. 그렇다면 '책을 읽고도 그 책이 어떤 책인지 설명할 수 없는 상태'라면, 과연 그 책을 읽었다고 할 수 있을까요? 저는 '책을 읽었다고 보기 힘들다'라고 생각합니다. 왜냐하면 읽은 책의 내용을 자신의 말과 글로 언어화하지 못한다는 것은 결국 그것은 '내 것'이 될 수 없다는 의미입니다. 글쓰기로 정리하지 않은 독서는 시간이 지날수록 기억에서 점점 희미해지고 끝내 다 날아가 버립니다. 애써 시간과 공을 들여 책을 읽고, 토론까지 했다면 이왕이면 내 것으로 만들어 보는게 어떨까요? 일본의 저술가 사이토 다카시 또한 저와 같은 주장을 하고 있습니다. 그는 『독서력』에서 다음과 같이 말합니다.

"내용을 요약할 수 있어야 그 책을 읽은 것이다. 아무리 책장을 끝까지 넘겼더라도 책의 내용을 요약할 수 없다면 독서한 효과가 없다. 독서를 마친 후에 "그런데 어떤 내용이었지?"라는 물음에 대략적으로 답할 수 있다면 다른 사람에게 도움이 될 뿐 아니라 자신의 독서력도 향상시킬 수 있다."

'독후감 쓰기'는 읽은 책을 내 것으로 만드는 독후활동입니다. 책의 내용과 메시지를 깊이 있게 새기며, 오래도록 기억에 남기기 위해서 〈독서동아리〉 활동 후 마무리는 '쓰기'를 권합니다. 책을 읽고 사람들과 이야기를 꽃피운 책이라 독후감 쓰기가 훨씬 수월하다는 것도 장점입니다.

그렇다면, 독후감에는 무엇을 써야 할까요? 독후감에는 크게 책의 내용과 감상을 담아야합니다. 독후감은 읽는 대상이 있습니다. 누군가가 보기 위한 글입니다. 그래서 글쓴이만 이해할 수 있는 일기 쓰기와는 다르게 독후감을 읽는 사람이 이해할 수 있도록 책이 어떤 내용인지 간단한 설명이 들어가야 합니다. 그리고 이와 연결해서 책을 읽으면서 만난 멋지고 아름다운 표현, 지혜가 가득 담긴 명문장, 나의 심장을 울렸던 감동적인 사건 등을 중심으로 쓰면 더욱 반짝이는 독후감이 됩니다.

■ 독후감 뚝딱 쓰기 단계 및 방법

1. 책을 읽으면서 인상적인 부분에 밑줄을 긋고, 떠오르는 단상을 메모합니다.
   문학은 ① 인상적인 인물의 말과 행동 ② 중심이 되는 사건 ③ 기억에 남기고 싶은 표현
   비문학은 ① 작가의 핵심적인 주장이나 사상 ② 인상적인 작가의 경험 ③ 기억에 남기고 싶은 표현

2. 위의 밑줄 그은 부분을 노트나, 컴퓨터에 옮겨 정리합니다.

책 속에서 밑줄을 그은 부분을 옮겨 적는 것을 '발췌'라고 합니다. 발췌의 좋은 점은 문학일 경우, 줄거리요약을 쉽게 할 수 있고, 비문학일 경우 책의 중심 내용을 명확하게 정리할 수 있다는 것입니다. '발췌'를 하면 독후감 쓰기의 반은 완성한 셈입니다.

3. 발췌한 부분을 중심으로 책 소개 글을 써봅니다.

예를 들어, 문학일 경우 피츠제럴드의 소설 『위대한 개츠비』는 _____책입니다.

비문학일 경우, 신영복의 『담론』은 _____ 내용이 담겼습니다.

4. 책을 통해 새롭게 생각한 점, 깨달은 점을 정리합니다.

5. 위에서 정리한 부분을 중심으로 개요 짜기를 하고, 독후감을 씁니다.

6. 독후감 전체를 다시 읽으면서 자연스럽지 못한 부분, 어색한 부분, 문장, 글의 구조는 적절한지 검토합니다.

■ 독후감에 담길 내용 (내용은 자유롭게 배치)

문학	비문학
1. 책을 읽게 된 배경, 동기	1. 책을 읽게 된 배경, 동기
2. 책 소개	2. 책 소개
3. 인물 중심 발췌 + 내 생각 및 감상	3. 작가의 핵심적인 주장이나 사상 발췌 + 내 생각 및 감상
4. 사건 중심 발췌 + 내 생각 및 감상	4. 인상적인 작가의 경험 발췌 + 내 생각 및 감상
5. 기억에 남기고 싶은 표현 발췌 + 내 생각 및 감상	5. 기억에 남기고 싶은 표현 발췌 + 내 생각 및 감상
6. 책을 통해 새롭게 생각한 점, 깨달은 점	6. 책을 통해 새롭게 생각한 점, 깨달은 점

위에 제시한 독후감의 형식을 모두 갖출 필요는 없습니다. 한두가지의 소재를 중점적으로 다뤄도 깊이있는 독후감이 될 수 있습니다.

다음은 글쓰기를 배우기 시작한 학생들의 독후감입니다.

■ 문학『위대한 개츠비』독후감

사랑을 뛰어넘은 개츠비의 위대함

『위대한 개츠비』, F.스콧 피츠제럴드 저, 김영하 옮김, 문학동네

『위대한 개츠비』는 F.스콧 피츠제럴드가 쓴 소설로 닉 캐러웨이라는 주인공이 옆집에 사는 위대한 인물을 회상하면서 시작된다. 소설의 구성은 제법 복잡함과 속도감 있게 진행되며 다양한 인물들의 등장으로 그야말로 시끌벅적하다. 독자는 닉과 함께 화려한 이웃집을 엿보는 재미에 빠지게 되며 개츠비와 데이지의 비극적인 사랑을 통해 개츠비의 위대했지만 빗나간 사랑을 보게 된다.

타인의 인생에 진절머리를 치면서도 끊임없는 관심과 애정을 쏟는 인물 닉의 모습에서 우리와 닮은 모습을 보게 된다. 소설 속의 주인공과 주변인물처럼 현실에서도 그러한 삶의 모습을 보게 된다. 주인공은 비극과 희극을 넘나들며 자신만의 삶을 살아가는데 반해 주변인은 언제나 닉처럼 남의 인생을 바라만 보고 있다. 매일 밤 파티를 주최하는 개츠비와는 달리 대부분 인물들은 마냥 파티에 참가하면서 개츠비를 궁금해 하고 있다. 개츠비만이 언제나 초록불빛을 향해 달려가고 있을 뿐이다.

제임스 캐츠에서 제이 캐츠비로 이름을 바꾸면서 자기 형성화에 성공한 개츠비는 억만장자 댄코디로부터 남다른 교육을 익히

고 뉴머니라는 신흥부자가 된다. 막대한 돈을 움켜쥐고 웨스트에 그에 대저택을 마련하고 호화 파티를 벌이는 이유는 단 한가지다. 개츠비의 신분으로는 넘기 힘든 상류층 여성인 데이지를 향한 사랑에 그 사랑을 향한 수단과 방법이 바로 성공이었다. 자신의 저택에 서 있는 데이지를 보는 순간 그동안 자신에게 있는 모든 재산과 성공의 소유물은 이 순간만을 위하여 존재하였다. 오직 데이지만을 향한 변하지 않는 위대한 개츠비의 사랑이다. 그것이 목숨과 바꾸는 비극이 올지라도 말이다.

그 순간 갑자기 데이지가 이상한 소리를 내며 얼굴을 셔츠 더미에 파묻고 격렬하게 울기 시작했다.
"너무, 너무 아름다운 셔츠들이야." 그녀가 흐느꼈다. 두터운 셔츠 더미에 파묻혀 그녀의 목소리가 띄엄띄엄 들려왔다. "너무 슬퍼. 한번도 이렇게, 이렇게 아름다운 셔츠들은 본 적이 없거든." (p117).

이에 반해 데이지는 오년 전 로맨틱한 눈길을 받으며 전쟁터로 파병되는 장교 개츠비와 헤어진 후 얼마 안 있어 톰 뷰캐넌과 결혼한다. 결혼식 날 개츠비의 소식을 듣지만 술로 마음을 달래고 남태평양으로 석 달짜리 신혼여행을 떠난다. 오년 뒤 개츠비의 저택에 처음으로 방문해서는 데이지는 개츠비 보다 셔츠를 보면서 황홀해 한다. 바람을 피는 남편과 자신을 잊지 못한 옛 애인 사이에 데이지는 낭만적인 속삭임의 가능성을 열어 둔다. 안타깝게도 소설 곳곳

에 발견되는 속물스러운 데이지를 마주하는 것만큼 개츠비의 사랑
은 더욱 무모하고 허망해진다.

> 그는 자신이 오래 간직해온 안온한 세계가 이미 끝나버렸
> 고, 단 하나의 꿈을 갖고 너무 오랫동안 살아왔던 것에 대해
> 비싼 대가를 치렀음을 이미 알고 있었다는 것을 의미한다.
> (p201).

남편의 정부를 우연치 않게 교통사고로 죽게 한 데이지는 개츠
비가 대신 덮어쓴 채 정부의 남편에게 총을 맞고 죽는다. 데이지는
장례식장에 나타나지도 않고 또 다른 화려한 보금자리를 찾아 떠난
다. 개츠비는 단 하나의 꿈을 실현하기 위해 달려온 자신의 모습을
죽음 앞에서 직면하게 된다. 그렇지만 이미 늦었다. 허황된 사랑 때
문에 죽음을 맞게 된 개츠비는 위대했지만 고독한 영혼이었다.

잘못된 만남들이 서로 교차하면서 끊임없이 욕망하지만 어느 것
하나 서로를 향하지는 못한다. 개츠비는 데이지를 데이지는 탐욕을
톰은 정욕을 이들의 비극은 현실의 비극과도 같다. 우리는 한번쯤
왜 개츠비의 삶 앞에 '위대한'을 붙였는지 그 낭만적 인생관이야말
로 그가 가진 탁월한 천부적 재능(p13)이었는지를 고민해봐야 한다.
현실적인 삶과 타협만이 살아가는 가치가 아니라면 말이다. 그 고
민이 아직까지도 『위대한 개츠비』를 위대한 고전으로 남기고 있는
까닭이지 않을까?

■ 비문학 『담론』 독후감

세계를 인식하는 방법을 알려주는 책

『담론』, 신영복, 돌베개, 2015.

   신영복의『담론』은 동양고전 독법을 통해 '관계론'의 사유로 세계를 인식하는 책이다. 이 책은 강의 내용과 원고, 강의 노트를 기초하여 만들어 졌다. 1부인 고전에서 읽는 세계 인식, 2부인 인간 이해와 자기 성찰로 나누어져 있다. 또한 저자가 20년 20일 동안 직접 겪은 다양한 일화들과 생활 속에서 겪은 소소한 일상을 이야기 해주며 독자들이 쉽게 이해하도록 지어졌다.

   『담론』은 '관계론'에 관한 책이다. 이 책의 교훈은 석과불식(碩果不食)으로 자신의 욕심을 버리고 상대방에게 복을 나눠준다는 것이다. 고로 자신을 생각하기보다는 타인을 배려하는 삶을 살라는 내용이 나와 있다. 삶 속 자기도 모르게 나오는 이기심, 편견, 선입견, 자존심 등이 자신을 망치고 있는 것이다. 책을 읽으며 자신의 생각이 타인을 위한 진심, 배려심, 이해심을 바뀌게 될 것이다. 삶은 혼자만이 살아가는 것이 아닌 서로 더불어 살아가는 것이다. 그러기 위해서는 타인을 이해하고 배려해야 하며 나 자신이 먼저 바뀌어야 된다.

   "공부는 살아가는 것 그 자체입니다. 우리는 살아가기 위해서 공부해야 합니다. 세계는 내가 살아가는 터전이고 나 또한 세계 속의 존재하기 때문입니다. 공부란 세계와 나 자신에 대한 공부입니다. 자연, 사회, 역사를 알아야 하고 나 자신을 알아야 합니다. 공부란 인간과 세계에 대한 올바른 인식을 키우는 것입니다. 세계 인식과 자기 성찰이 공부입니다"

'머리에서 가슴까지의 여행' 그리고 '가슴에서 발까지의 여행'이란 부분이 인상적이었다. 최종적으로는 공부는 "머리에서 발까지의 여행"이라는 뜻이었다. 공부를 머리로 배우는 것이 아닌 가슴으로 느끼고 몸으로 직접 움직여 깨닫는 것이 공부라는 것을 알게 되었다. 배운 내용을 응용하여 세계를 발전시키고, 내용을 받아드리며 자기 자신도 변화시키는 것이 공부라는 것을 알게 되며 나도 내가 배운 내용을 응용하여 세계를 발전시키는데 비서란 직업을 더 넓은 직업으로 알릴 수 있도록 열심히 공부해야겠다고 생각하였다.

이 책을 추천하는 이유는 나 자신을 다시 돌아보는 계기가 되었기 때문이다. 책 속에서는 도덕적인 문제, 현재 우리 사회의 문제점 등이 나와 있다. 책 속의 문제점을 보며 내 문제점도 알게 되었다. 책 속의 문제점이 나의 문제점이었고 이러한 부분을 읽으며 내가 어떻게 고쳐나가야 되고 생각을 어떻게 바꿔야 되는지 알게 되었다. 또한 이 책의 교훈인 석과불식을 느끼며 현재 내 욕심과 욕구만을 추구하지 말고 다른 사람을 배려해야 함을 느끼게 되었다.

다른 이들도 이 책을 읽으며 현재 자신의 삶을 되돌아보고 앞으로
는 변화된 모습으로 살았으면 좋겠다는 생각으로 이 책을 추천하
고 싶다.

"이 세상에서 가장 비극적인 삶은
살아 있는 동안 인간의 정신이 죽어 있는 삶이다."

|

슈바이처

글쓰기 고수로 가는 길
_서평 쉽게 쓰는 법

독후감이 책을 읽고 난 뒤의 감상을 정리한 글이라면, 서평이란 글(書)을 평가(評)한다는 의미를 담고 있습니다. 주관적인 느낌과 생각의 글쓰기에서 보다 객관적이고 논리적인 글쓰기로 한 단계 나아가는 것입니다. 독후감은 필자의 생각과 느낌이 중심을 이루는 글쓰기이고 서평은 독자를 예상하고 쓰는 독자 중심적인 글쓰기라고 할 수 있습니다. 독후감을 쓰면서 감상하고 표현하는 능력을 길렀다면 서평쓰기로 논리적인 사고력을 키우는 글쓰기로 발전시키는 것이 바람직합니다.

그렇다면 서평이 필요한 이유는 무엇일까요? 책을 구입하려는 사람들에게는 책을 선택하는 데 도움을 줍니다. 세상에는 책이 너무 많습니다. 하루에도 수천 권의 신간 서적이 쏟아져 나옵니다. 제 아무리 대단한 독서가라 할지라도 생전에 세상의 책을 다 읽기는 불가능하다고 할 수 있습니다. 그런 의미에서 서평은 수많은 책들 중에서 옥석을 가리는 데 중요한 역할을 합니다.

또한 이미 책을 읽고 난 뒤, 서평을 읽는 사람들도 많습니다. 이들은 책을 읽은 사람들의 '다른 생각'을 알고 싶어서 일부러 서평을 찾아서 봅니다. "나는 이 책을 이렇게 봤는데, 다른 사람은 어떻게 봤을까"라는 생각이 궁금하기 때문입니다. 서평을 보면서 자신의 생각이 맞는지 확인하고 싶고, 다른 사람은 어떤 관점으로 책을 봤는지 알고 싶다라는 것은 바로 타인과 생각의 '교류'와 감정의 '소통'을 하려는 열망이 있는 것입니다. 맞습니다. 바로 서평쓰기는 나와 타인을 활발한 '공감'의 장으로 이어주는 징검다리 입니다.

따라서 서평에 담아야할 내용은 독자의 '독서 여부'에 따라 달라질 수 있습니다. 이것은 독자의 요구사항을 채워주기 위한 것입니다. 서평가는 다음을 고려하여 서평을 쓰는 것이 좋습니다. 정리를 해 보면 다음과 같습니다.

◆ 서평에서 독자가 원하는 것

책을 읽지 않은 사람	책을 읽은 사람
- 책의 서지사항이나 소개 - 책이 나온 배경과 내용 - 책 추천 사유	- 책의 배경과 이해 및 감상 - 책의 깊이 있는 해석 - 책이 가진 의미와 가치

덧붙이자면, 서평의 목적 중 하나는 '그 책을 읽고 싶게 만드는 것'이라고 할 수 있습니다. 그렇다고, 책에 대한 칭찬만 늘어놓는 것은 곤란합니다. 책이 가진 장단점을 설득력 있는 근거를 들어서 설명을 해야합니다. 바로 서평자는 책을 보는 객관적이고 논리적인 안목을 갖추어야 합니다. 책에서 어떤 점이 좋고, 아쉬운지 누구나 공감할 수 있는 근거를 들어 주장에 대한 타당성을 높여야 독자는 고개를 끄덕이고 책을 선택할 수 있습니다.

책을 읽은 사람들을 대상으로 쓰는 서평은 보다 새롭고, 색다른 해석이 필요합니다. 비평적인 성격이 가미된 글이라고 생각하면 됩니다. 생각지도 못한 책의 이면을 보는 시선, 번뜩이는 통찰력, 기가 뻥 뚫리는 통쾌함, 저자를 배려하는 신랄함, 촌철살인의 유머감각, 지식을 자랑하지 않는 겸손, 시대를 감지할 수 있는 혜안이 들어있는 서평은 독자의 마음을 움직이게 합니다. 독자는 서평을 읽으며 책의 가치를 다시 생각할 수 있게 됩니다.

■ 서평의 구성 요소

구성 요소	세부 요소	주요 내용
정보적	- 저자 소개 - 구성, 문체, 유형, 삽화 - 내용 - 주제	도서의 내용
평가적	- 이해 및 감상 - 깊이 있는 해석 - 책의 의미와 가치 - 추천 사유	서평자의 견해

서평을 쓸 때는 먼저 대상 독자를 정하고 서평에 담아야할 정보적 요소와 평가적 요소를 적절히 구성하여 쓰는 것이 바람직합니다.

그렇다면, 서평을 잘 쓰려면 어떻게 해야 할까요? 두말할 것 없이 책을 꼼꼼히 읽어야 합니다. 두 세 번 읽는 것은 기본입니다. 그리고 먼저 할 일은,

① 발췌입니다. 책을 읽으면서 위에 제시한 서평의 구성요소를 중심으로 밑줄을 긋거나 메모를 해두면, 서평을 쓸 때 일목요연하게 정리하는 데 도움이 됩니다.

② 발췌한 부분을 중심으로 '내 생각과 느낌'을 자유롭게 달아보는 겁니다. 어떤 것도 개입되지 않은 책에서 받은 '순수한' 생각을 정리해 보면 독창적인 서평이 될 가능성이 큽니다.

③ 위의 활동을 중심으로 책의 중심 내용을 정리합니다. 그리고 서평의 주제가 될만한 소재를 찾습니다. 책의 주제가 아닌, 서평자가 생각하는 책의 주제입니다.

④ 위의 내용을 바탕으로 책을 종합적으로 평가합니다. '이 책이 지금 우리 시대에 왜 꼭 읽혀야 하는지'를 생각해 봅니다. 서평은 지금 우리가 살아가는 사회에서 그 책이 어떤 의미와 가치를 지니는지 보여주어야 합니다.

⑤ 개요 짜기를 합니다. 서평에 어떤 내용을 담을 것인가를 정하고 글감을 적절하게 배치합니다.

⑥ 초고를 씁니다. 한 문단에는 하나의 중심 내용과 생각을 담아

정리합니다.

⑦ 퇴고를 합니다. 어휘는 적절한지, 문장은 자연스러운지, 단락의 맥락은 연결성이 있는지, 소리내어 읽으면서 고치고, 다시 씁니다.

⑧ 완성된 서평을 평가해봅니다. 글 전체가 통일성을 갖추었는지, 표현의 적절성과 독창성, 근거의 정확성과 신뢰성을 중심으로 자신이 쓴 글을 객관적인 시선으로 좋은점과 부족한 점을 살펴봅니다. 퇴고를 포함한 평가를 많이 할수록 완성도가 높은 서평이 됩니다.

위의 내용을 바탕으로 서평쓰기의 단계를 정리해 보면 다음과 같습니다.

■ 서평 쓰기 단계

단계	활동
1	꼼꼼히 읽으면서 발췌(줄거리, 핵심 내용, 주제 중심)
2	인상 깊은 부분에 내 생각 달기
3	책의 중심 내용 정리 및 서평의 주제 찾기
4	책을 종합적으로 평가하기 (장단점, 한계)
5	개요 짜기
6	초고 쓰기
7	퇴고하기
8	서평 평가하기

서평을 잘 쓰기 위해서는 완성도 높은 서평을 많이 읽어 봐야 합니다. 서평은 각 신문의 북 섹션이나 도서전문출판 잡지, 인터넷 서점의 책 정보란에서 볼 수 있습니다. 훌륭한 필체로 사랑받고 있는 블로거 서평가들도 늘어나고 있는 추세입니다. 서평가로는 잘 알려진 알라딘의 블로그의 〈로쟈의 저공비행〉, 네이버 블로그의 〈구름을 벗어난 달〉, 〈개츠비의 독서일기〉, 〈준솔파파의 북북(bookbook)긁기〉가 있습니다. 각각 개성이 넘치는 문체로 독자들의 관심을 모으고 있습니다.

■ 서평 예시 (문학)

백석 시 읽으며 평안도 정주 마을에 닿는다

『남신의주 유동 박시봉방』, 백석 지음, 휴먼앤북스, 2011.

정여울 문학평론가

이 세상에 없는 곳이지만 꼭 가보고 싶은 장소들이 있다. 안개의 침공을 받아 온통 잿빛으로 물든 도시 무진(《무진기행》), 야망으로 똘똘 뭉친 오디세우스로 하여금 '아내 페넬로페가 기다리는 집으로 돌아가야 한다'는 책임감마저 잊게 만들었던 요정 칼립소의 동굴 (《오딧세이》), 미하엘 엔데의 〈끝없는 이야기〉에 나오는 '단 한 명의 방문객만 있어도 되살아난다'는 환상계. 이런 곳들은 지상에 존재하지 않지만 문학작품 속에서는 엄연히 존재하는 영혼의 장소들이다. 나는 지칠 때마다 책갈피 속에만 존재하는 가상의 장소들을 방문하며 남몰래 위로를 받곤 한다. 요새 내가 부쩍 방문하고 싶은 곳은 백석의 시집 『남신의주 유동 박시봉방』에 나오는 마을이다. 백석 시 〈여우난골족〉에는 명절 날마다 "엄매 아배 따라", "우리 집 개는 나를 따라" 방문하던 조부모님 댁의 풍경이 펼쳐진다.

"인절미 송기떡 콩가루찰떡의 내음새도 나고", "두부와 콩나물과 볶은 잔대와 고사리와 도야지비계" 냄새가 나는 곳, 저녁 수저를 놓은 아이들이 "외양간 옆 밭마당에 달린 배나무 동산에서 쥐잡이를 하고 숨굴막질을 하고 꼬리잡이를 하고 가마 타고 시집가는 놀음

4장 〈독서동아리〉 참여 후에는 무엇을 하나요? 219

말 타고 장가가는 놀음을" 하는 곳, 남녀노소가 얽혀 흥겨운 잔치를 벌이다가 "홍계닭이 몇 번이나 울어서 졸음이 오면 아랫목싸움 자리싸움을 하며 히드득거리다" 잠이 드는 아늑한 시골집. 이 시를 읽으면, 서울에서 태어난 내가 마치 오래 전부터 그리던 시골집이 원래부터 존재하는 것 같은 착각에 빠진다. 마음속에서 서울이 아닌 어엿한 고향이 몽글몽글 창조되는 환각에 빠진다. 오지항아리에 담긴 찹쌀탁주를 홀짝거려보고 싶고, 싸리꼬치에 왕밤을 꽂은 두부산적도 맛보고 싶다. "더부살이 아이도 새사위도 갓사돈도 나그네도 주인도 할아버지도 손자도 붓장수도 땜장이도 큰 개도 강아지도 모두 모닥불을"(〈모닥불〉) 쪼인다는 그 마을에 가는 유일한 기차표는 바로 백석의 시집이다.

이 마을에 갈 수만 있다면, 마을 여자들의 어깨너머로 온갖 부침개와 찌개와 볶음의 비법을 전수받을 수 있으리라. 하루에 베 한 필을 거뜬히 짠다는 소녀에게 실 잣는 법도 배우리라. 그곳에 가면 나는 좀 더 유순해지리라. 좀처럼 일이 풀리지 않는다며 습관적으로 자신을 타박하지도 않고, 왜 모두들 날 이해해주지 못하냐고 짜증 내지도 않고, 정든 사람들을 더 자주 만나며 밤새 이야기꽃을 피우리라. 어디론가 멀리, 더 멀리 자꾸만 치닫는 마음의 고삐를 단단히 당겨 방황하는 영혼의 닻을 내려볼 수도 있으리라. 이런 상상만으로도 어느덧 가파르게 오르내리던 마음의 신열이 가라앉는다. 백석의 시집을 읽으면 내게 문학이 얼마나 커다란 보물인지를 깨닫게 된다. 시 한 수만으로도 타임머신을 타고 내가 가본 적도 없는 평안도 정주의 한 산골마을에 가닿는다. 그때 깨닫는다. 문학이야말로 내 마음속에서 항상 빛나는 최고의 타임머신임을. 시 한 편을 외우면, 누구도 빼앗아갈 수 없지만 누구에게나 나눠줄 수 있는 아름다운 타임머신 하나가 탄생한다. 진짜 여행의 고수들은 굳이 비행기를 타지 않아도 앉은 자리에서 세상 곳곳을 여행할 수 있다. 그런 엄청난 내공이 없는 나는 책을 기차표 삼아 온 세상을 여행한다. 책을 통해 떠난다. 아직 만나지 못한 당신의 상처 입은 마음속으로. 결코 열 수 없던 당신의 굳게 닫힌 마음속으로. 아직도 세상 바깥을 꿈꾸는 당신의 날개 잃은 꿈속으로.

우리는 자신을 완성하기 위해 타인이 필요하다.

『모멸감』, 김찬호, 문학과지성사, 2014.

조현행 서평가

지난달 전방 GOP에서 총기난사로 군인 8명이 목숨을 잃었다. 범인으로 지목된 A병장은 총과 실탄을 가지고 도망쳤지만 군·경들과 대치하다 결국 잡혔다. 김관진 국방부장관은 군 생활에 적응하지 못하는 관심병사였던 그가 살인을 한 동기는 선임과 후임들에게 당한 '무시와 수치심에 대한 보복'이었다고 진단했다. A병장이 느꼈던 모욕감과 경멸감은 마음속 가장 깊숙한 부분을 파괴하면서 돌이킬 수 없는 상처가 됐고 극도의 적개심으로 폭발했을 테다. 인간은 자신의 존재가 부정당하고 무시당할 때 모멸감을 느낀다. 인간의 존엄을 억누르는 행위는 또 다른 모멸로 촉발되고 수치심을 확대 재생산한다. 모멸감으로 인한 상처와 파멸은 비단 군대에서만 벌어지는 일이 아니다. 점점 개인화 되고 파편화 되어가는 이 시대를 살아가는 우리에게 언제든지 가해질 수 있는 폭격일 수 있다.

김찬호의 『모멸감』은 우리의 일상을 지배하는 감정의 응어리를 포착하여 펼쳐 보인다. 모욕과 경멸을 당했을 때 느끼는 감정을 다각적으로 조명하고 사회적인 지평에서 분석하고 역사적인 차원에서 이해해야 한다고 말한다. 한국전쟁 후 급속한 경제성장을 이룬 우리나라는 치열한 경쟁으로 이기주의가 점점 심화되면서 타인에 대한 배려와 아량을 찾기 어려워졌다. OECD 국가 중 공동체 생활로 위안을 얻고 정체성에 도움을 받는 지수가 매우 낮은 실정이다. "돈이나 일에 쫓기는 사람들의 감정은 거칠어지고 타인의 인격을 무시하기 일쑤다.(p.167)" 모멸감은 의식의 수면 아래서 인간을 움직인다. 자신의 감정을 의식적으로 알아채려하지 않는다면 결국 걷잡을 수 없는 파국으로 치닫게 될 것은 자명하다. 내 안에서 일어나는 감정을 냉철하게 들여다보고 조절하는 능력이 절실하다.

나아가 저자는 '모멸'을 가중시키는 원인을 돈에서 찾는다. "모든 가치가 돈으로 수렴되는 세상에서 돈 없는 사람들이 겪는 모멸감은 가중될 수밖에 없다."(p.234) 돈이 아니라면 일어나지 않았을 일이 대부분이고, 그 가운데 상당수는 돈 때문에 우스워진 것에 대한 자괴감이나 분노에서 비롯된다고 말한다. 돈으로 위장한 자기존엄의 탈은 쉽게 벗길 수 없다. 돈에 대한 맹목성이 심화될수록 개인들의 내면은 보잘 것 없어진다. 돈이 일부가 아닌 전부인 삶은 '부'가 쌓여갈수록 정신은 가난해지기 마련이다. 그렇다면 자본주의 체제에서 우리는 어떻게 생존해나갈 것인가.

"지금 우리에게 필요한 것은 안전한 관계다. 나를 있는 그대로 받아들여주는 사람들, 억지로 나를 증명할 필요가 없는 공간이다. 내가 못난 모습을 드러낸다 해도 수치스럽지 않고, 다른 사람들이 그것을 가지고 뒷담화를 하지 않으리라고 믿

을 수 있는 신뢰의 공동체가 절실하다."(p.258)

저자가 말하는 신뢰의 공동체는 다친 마음에 새살이 돋아나게 한다. 우리는 서로의 상처를 어루만져 주고 힘든 일이 있어도 위안을 받을 누군가가 있다는 사실에 살아갈 힘을 얻는다. 지금 우리에게 필요한 건 손 내밀어 줄 '누군가'이다. 이뿐 아니라, 저자는 인간에게 무엇보다 중요한 것은 자존감이라고 말한다. 자신을 존중하는 마음이 강한 사람은 타인의 평가나 인정에 일희일비(一喜一悲)하지 않는다. 드높은 내면세계를 구축하면서 묵묵히 자신만의 길을 걸어간다. "남이 자신을 알아주지 못할까 걱정하지 말고 내가 남을 제대로 알지 못함을 걱정해야 한다."(논어.학이편)

저자는 건강한 사회를 만들기 위해 신뢰의 공동체를 만들고 자존감을 회복하라는 대안에서 그치지 않는다. 최소한의 품위를 갖출 수 있는 사회 구조적인 해법과 인간의 귀천은 없다는 인식의 차원, 마지막으로 개인 스스로 품위를 지킬 수 있는 내면의 힘을 키워야 한다고 힘주어 말한다. 사회학자 엄기호는 "인간은 기대어 살아가는 존재다"라고 했다. 혼자서는 사회에서 일어나는 온갖 불의와 부정을 견뎌낼 재간이 없다. 나다운 삶을 살기 위해, 나를 지켜내기 위해서라도 타인과 손을 잡아야한다. 우리에게 절실한 것은 서로를 할퀴는 '모멸'이 아니라 손 내밀어 줄 조그마한 용기와 끌어당길 힘이다. 하루하루 치열한 삶을 견디는 이에게 일독을 권한다. 책이 당신의 손을 잡아 줄 것이다.

■ **서평 예시 (고전)**

노인과 청새치의 존재 증명 투쟁

『노인과 바다』, 어니스트 헤밍웨이 지음, 이인규 옮김, 문학동네, 2012.

이현우/인터넷 서평꾼

'헤밍웨이가 쓴 최고의 이야기'로 꼽히는 『노인과 바다』는 알다시피 혼자 고기잡이를 나간 노인이 오랜 사투 끝에 청새치를 잡지만 돌아오는 길에 상어 떼를 만나 다 뜯기고 뼈만 앙상하게 남은 고기와 함께 귀항한다는 내용이다. 물론 이런 줄거리가 말해주는 건 별로 없다. 작품의 말미에서 거대한 꼬리와 하얀 등뼈만 남은 청새치를 두고 멋진 상어라고 감탄하는 관광객 신세가 되지 않으려면, 우리도 자칭 '이상한 노인'을 따라나서 그가 무엇을 상대로 어떻게 사투를 벌였는지 직접 목격하는 게 최선이다.

84일 동안 고기를 한 마리도 못 잡은 산티아고 노인은 사십일까지는 동행하던 소년의 부모가 이른 대로 이젠 운수가 바닥이 난 것처럼 보인다. 전설적인 어부였는지 모르지만 이제 더는 그렇지 않다. 그는 늙었다. 하지만 그의 두 눈은 여전히 생기와 불굴의 의지로 빛난다. 그는 85가 행운의 숫자라고 믿으며 다시금 출항한다. 그는 거대한 물고기를 잡기 위해 먼 바다에 가서 깊이 낚싯줄을 드리운다. 예상을 훌쩍 넘어선 대단한 놈이 미끼를 물고 사흘간의 쟁투가 벌어진다. '평생 듣도 보도 못한 굉장한 물고기'와의 무모한 사투는 노인에게 어떤 의미를 갖는가.

사랑하고 존경한다고까지 말하지만 노인은 상대인 청새치를 죽이려고 한다. 생계는 부차적이다. "나는 인간이 어떤 일을 할 수 있는지, 또 얼마나 견뎌낼 수 있는지 놈에게 보여주고 말겠어"라는 게 그의 결심이다. 즉, 그는 자기의 존재를 증명하기 위해 싸운다. 헤겔식으로 말하면 누가 주인인지를 겨루는 '인정투쟁'이다. 생사를 건 이 투쟁에서 비켜나 패배를 자인하면 노예로 전락한다. 더불어 이 투쟁에선 과거의 증명이 아무 의미를 갖지 못한다. '지금 이 순간'이 전부이며 매번 새롭게 자기를 증명해 보여야 한다. 서로를 닮은 이상한 노인과 이상한 물고기의 자존심까지 건 쟁투가 갖는 의미다.

마침내 수면으로까지 올라온 거대한 청새치를 작살로 꽂아서 죽인 노인은 이렇게 중얼거린다. "난 지쳐 빠진 늙은이야. 하지만 내 형제인 저 물고기를 죽였고, 이제부터 고된 잡일을 해야만 해." 자기 존재를 증명하기 위한 인정투쟁이 주인의 노동이라면 나머지 뒤치다꺼리는 노예의 노동이다. '고된 잡일'(문학동네)은 '노예의 일'(slave work)을 옮긴 것인데, 다른 번역본에서는 '궂은일'(시공사), '잡일'(열린책들), '노예처럼 더러운 노동'(민음사) 등으로 옮겼다. 청새치가 흘린 피 냄새를 맡고 몰려든 상어 떼와의 싸움도 마찬가지로 뒤치다꺼리라고 해야 할까. 똑같은 사투처럼 보이지만 자기의 소유를 방어하기 위한 싸움과 자기 존재를 증명하기 위한 싸움은 종류가 다르다. 통상 바다는 생존투쟁의 공간이지만 노인에게는 인정투쟁의 공간이기도 했다.

　인간은 파멸할지언정 결코 패배하지는 않는다는 게 노인의 신념이자 작품의 주제다. 노인과 대등하게 맞섰던 청새치는 죽음을 맞았지만 그 또한 패배하지 않았다. 상어들에게 계속 전리품이 뜯겨나가는 중에도 노인이 물고기가 자유롭게 헤엄칠 수 있다면 상어놈들과 어떻게 싸웠을까를 생각하며 즐거워한 것만 보아도 알 수 있다. 둘은 모두 죽을 때까지 싸운다는 점에서 공통적이다. 우리는 단지 살아남기 위해서 사는 노예일 수 없다는 걸 노인은 온몸의 고투로 보여준다.

■ 서평 쓰기에 도움을 주는 책

- 『정희진처럼 읽기』 정희진, 교양인
- 『장정일의 독서일기』 (전7권) 장정일, 범우사 · 랜덤하우스 코리아
- 『만보객 책 속을 거닐다』 장석주, 예담
- 『청춘의 독서』 유시민, 웅진지식하우스
- 『취서만필』 장석주, 평단문화사
- 『탐서주의자의 책』 표정훈, 마음산책
- 『정여울의 소설 읽는 시간』 정여울, 자음과모음
- 『마음서재』 정여울, 천년의상상
- 『결정적인 책들』 왕상한, 마음나무
- 『느낌의 공동체』 신형철, 문학동네
- 『정확한 사랑의 실험』 신형철, 문학동네
- 『아주 사적인 독서』 이현우, 웅진지식하우스
- 『로쟈의 인문학 서재』 이현우, 산책자

"나는 쓰면서 사물을 생각한다. 생각한 것을 문장으로
만드는 것이 아니고, 문장을 지어 나가면서 사물을 생각한다.
쓴다고 하는 작업을 통해서 사고를 형성해간다.
다시 고쳐 씀으로써 사색을 깊게 해 나간다."

무라카미 하루키

퇴고로 다시 태어나는 글

퇴고(推敲)란 글을 쓰고 난 뒤, 다시 살펴보며 여러 번 고치고 다듬는 것을 말합니다. 퇴고를 하는 이유는 글의 완성도를 높이기 위해서입니다. 단번에 글을 쓰고, 다시 퇴고하지 않는 사람은 결코 글을 잘 쓸 수가 없습니다. 왜냐하면 글은 퇴고를 하면 할수록 점점 더 나아지기 때문입니다. 제 아무리 훌륭한 작가라도 원고가 출판사에 넘어가기 직전까지 퇴고를 반복하는 이유는 바로 퇴고를 하면 더욱 빛나는 결과물을 얻을 수 있기 때문입니다. 그래서 저는 글쓰기의 최고봉은 '퇴고'가 아닐까라는 생각을 합니다.

아르헨티나의 소설가 보르헤스는 "결정본은 존재하지 않는다"며 끊임없이 고쳐 쓰는 작가로 유명합니다. "모든 초고는 걸레다"라는 말을 남긴 헤밍웨이는 『노인과 바다』를 400여 차례나 고쳐 썼다고 합니다. 작가 최인훈은 『광장』을 증쇄할 때마다 원고를 고쳤다는 것은 이미 잘 알려진 일화입니다.

퇴고를 하기 위해 필요한 능력은 '쉽게 포기하지 않는 태도'입니다. 그만큼 퇴고라는 것이 지루하고 지난한 일입니다. 한 편의 글을 써냈다는 성취감은 잠깐이고, 이미 쓴 글을 다시 읽는 일은 그 자체로 고역일 수 있습니다. 하지만 '엉덩이가 무거운 자'만이 결국은 보석 같은 글을 써 낼 수 있습니다. 번뜩이는 아이디어로 일필휘지(一筆揮之)로 쓰는 것도 좋지만, 인내심을 가지고 고치고 버티는 자가 끝까지 살아남게 되는 경우를 더 많이 봅니다. 삶의 순리입니다. 문학평론가 장석주는 글쓰기는 '노동'이라고 말합니다. 글쓰기가 얼마나 오랜 시간 갈고 닦아야 하는 일인지 다음과 같이 말합니다.

"글쓰기는 책상 앞에 앉아서 하는 노동이다. 또한 글쓰기는 삶의 거친 바다에 뛰어드는 모험이요, 육체의 수고가 동반되는 가차 없는 노동이다. 또한 깊은 어둠에 든 자의 동공이 가장 크게 열리고, 굶주린 자가 물고기를 가장 잘 잡는 법이다. 아무 결핍도 없고, 한 줌의 불행도 없는 자가 좋은 글을 쓰기는 어렵다. 그것들이야말로 인생에 대한 깊은 성찰의 계기를 주고, 사유에 풍부한 감미로움이 깃들게 한다. 그것이 바로 글쓰기의 심연이고 원천이다." - 『글쓰기는 스타일이다』, 장석주, 중앙books, 2015 -

소설가 안정효는 자신의 저서인 『안정효의 글쓰기 만보』에서 퇴고는 '홀가분한 버리기'라고 강조합니다. "독자들이 읽어주기를 바라면서 글을 쓴다면, 작가 자신에게 당당해야 한다. 만일 나 자신이 읽어서 낯이 뜨거워지고, 남이 읽으면 더욱 부끄러워질 글이라면, 그런 글은 버려야 한다." 라고 말합니다. 공을 들여 한 글쓰기라도 독자의 입장에서 읽을 만한 가치가 있는지 따져보고, 기대에 못미치면 과감하게 버리는 것도 용기가 아닐까 생각합니다. 물론 쉽지 않은 일입니다. 하지만 글을 쓰는 사람이라면 더 좋은 글을 위해 '버리기'는 항상 염두에 두어야할 지침입니다.

퇴고는 크게 세 단계를 거칩니다.
① 먼저 원고를 눈으로 읽으면서 맞춤법과 띄어쓰기, 선택한 어휘의 적절성, 문장이나 단락의 연결이 자연스러운지, 중언부언하거나 불필요하게 긴 문장은 없는지 살펴보면서 다듬기를 합니다.
② 전체적인 맥락과 구성을 살펴봅니다. 여기서 맥락이라 함은 논리성을 말합니다. 주장의 명확성과 근거의 논리성, 제목과 글의 연관성을 치밀하게 보면서 깎아내기를 합니다.
③ 마지막으로 소리 내어 읽으면서 퇴고를 합니다. 소리를 내어 읽다가 보면 자연스럽지 못하고 걸리는 부분이 있습니다. 이렇게 소리 내어 읽을 때 걸리는 부분은 독자가 눈으로 읽었을 때에도 매끄럽지 못하다는 증거입니다. 따라서 반드시 소리를 내면서 퇴고를 하는 습관은 매우 중요합니다.

〈독서동아리〉를 지속적으로 유지하는 방법

■ "리더의 역할" 회원들의 불통은 소통으로

'독서동아리'는 만들어 시작하기보다 꾸준히 유지하기가 더 어렵습니다. 처음에는 적극적으로 참여하다가도 점차 시들해지기 쉬운데요. 여러 가지 이유가 있지만, '독서동아리'가 지속되기 힘든 가장 큰 이유로 회원들 간의 오해나 다툼이 있습니다. 작은 불씨가 쌓이고 쌓여 끝내 서로에게 상처를 주고 모임이 해체되는 경우를 많이 봅니다. 이때 리더의 역할이 중요합니다. '독서동아리'는 책을 통한 성장을 위한 모임입니다. 어느 편에도 치우침이 없이 공정한 태도로 회원들의 오해를 풀고, 서로 배려 할 수 있도록 해야 합니다.

■ 수다모임 No! No!

'독서동아리'는 책을 통해 자신을 돌아보고, 타인을 이해하며, 세상을 볼 수 있는 식견과 안목의 갖추는 것을 지향합니다. 불필요한 개인적 사담이나, 책과는 상관없는 스트레스 해소식의 수다는 지양하고 회원들의 공감과 소통을 불러일으킬 만한 건강한 이야기를 나누는 것이 바람직합니다. 이를 위해서는 책을 중심으로 한 주제를 뽑아 토론을 해야 합니다. 회원들 스스로의 노력이 필요합니다.

■ 참여가 소홀한 회원에게 관심을

개인적인 사정으로 '독서동아리'에 나오지 못하는 회원에게도 관심을 가져 주세요. 내향적인 성격으로 적극적인 활동을 하지 못하는 회원을 위한 배려가 필요합니다. 관계는 관심으로부터 시작합니다. 이메일이나, 문자, 카톡을 활용하여 안부도 물어보고 '독서동아리'에서 나눌 책에 대한 이야기를 나눠도 좋습니다. '독서동아리〉'는 나만의 성장을 위한 것이 아닌 '함께'성장하는 것을 가치 있게 여깁니다. 나의 성장이 너의 성장이 되고, 너의 기쁨이 나의 행복이 되는 참된 공동체의 실현은 '독서동아리'로 가능합니다.

■ 온라인 〈독서동아리〉 카페 만들기

활발한 '독서동아리'를 위해서 인터넷에 카페를 개설하여 운영하는 것도 좋은 방법입니다. 실제로 전국에서 대다수의 〈독서동아리〉들은 카페를 만들어, 필독서나 모임장소, 논제를 올려 공유하고 있습니다. 온라인상에서는 오프라인에서 나누지 못한 책 이야기를 즉석에서 나눌 수도 있어 재미가 배가 된다는 분들도 있습니다. 또 다음 모임의 공지를 알 수 있어, 참여하지 못한 회원의 활동을 독려할 수 있다는 장점이 있습니다.

■ 〈독서동아리〉 활동은 민주적으로

'독서동아리'는 민주적으로 운영되어야 합니다. '독서동아리'에서 행해지는 모든 결정과 권한이 한 사람에게만 집중되면 곤란합니다. 책을 선택하는 것부터, 모임 장소, 회비, 활동, 다과 준비와 같은 것도 회원들의 의견을 최대한 수렴하여 이루어져야 합니다. 이를 위해서는 모임을 대표하는 회장, 회비를 관리하는 총무, 독서토론을 진행하는 리더를 선출하고, 회원들이 지켜야할 원칙도 세워서 모임을 운영하는 것도 좋은 방법입니다.

〈예시〉 '책토리 〈책읽고 토론하는 리더들〉' 활동 원칙

- 월 2회 모임을 원칙으로 한다.
- 책을 읽지 않고도 참여할 수 있다.
- 개인 사정으로 불참할 시에 리더에게 연락한다.
- 모임 시간을 엄수한다. (지각을 했을시 다음 시간의 간식을 준비한다.)
- 책 선정은 3개월에 한 번 회원들이 협의하여 정한다.

■ 독서가 더욱 즐거워지는 다양한 활동

'독서동아리'는 제한된 공간에서만 진행되는 것은 아닙니다. 가끔씩은 특별한 활동으로 독서동아리 활동에 활기를 불어넣을 수 있습니다.

〈예시〉 〈독서동아리〉 특별 활동

- 끝장 토론(책을 읽고 밤을 새워서 하는 독서토론입니다. 시간이 부족해서 미처 나누지 못했던 책 이야기를 한 번 끝까지 해보는 것으로 책을 심도있게 다룰 수 있습니다. 독서동아리 활동을 더욱 재미있게도 합니다.)

- 책의 무대가 되는 장소 견학(토지를 읽고 '평사리 박물관', 태백산맥을 읽고 '조정래 문학관', 메밀꽃 필 무렵을 읽고 '이효석 문학관'을 방문합니다. 견학은 책과 작가의 삶을 이해하는 데 도움이 되며, 독서 열정을 살리는 기회가 됩니다)

- 책 vs 영화로 다양한 활동 (원작이 있는 영화를 보고 감상을 발표하거나, 토의, 토론을 하는 것으로 매체가 주는 다양성과 유연성을 경험할 수 있습니다.)

〈독서동아리〉에서 함께 읽고, 생각하고, 표현하다 보면 새로운 세상이 펼쳐집니다.

　사람은 몸이 아프면 병원에 가서 치료를 받습니다. 그런데 마음이 아프면 숨기거나 그냥 두고 보고 참으려 합니다. 현대인이 겪는 질병은 마음으로부터 생겨나는 경우가 태반입니다. 우울증을 비롯한, 강박증, 불안증과 같은 마음의 병들은 점점 그 수위를 높여가면서 심각해지고 있습니다. 근대 이후 이러한 인간의 정신을 치료하기 위해 프로이드 심리학이 등장했습니다. 자신의 어린 시절 겪었던 상처나 트라우마를 대면하고 언어로 드러냄으로써 마음의 병을 치료한다는 심리치료법이 처음 등장했을 때는 많은 사람들이 의아해 했습니다. 당시의 사람들은 인간의 질병은 약물이나 주사, 수술로 고칠 수 있는 것이지, 보이지도 않는 마음의 병을 말로 치료한다는 것이 불가능하다고 생각한 것이죠. 하지만 100년이 지난 지금도 심리치료법의 결과는 이미 입증되었습니다. 좋은 '말'은 인간의 질병을 치료할 수 도 있고, 나쁜 '말'은 마음의 통증을 증가시키고 사람을 죽음에 이르게도 할 수 있습니다. 몸과 마음과 언어는 긴밀하게 연결되어 있습니다.

소설가 김영하는 말합니다. "인간이 느끼는 불안이나 트라우마는 내면에 숨어 있어서 보이지 않지만 그것을 언어화 시켜서 끄집어 내면, 논리화 시키면 자신이 그 감정을 지배할 수 있게 됩니다. 감정의 해소가 이루어집니다." 한마디로 언어를 다룰 줄 아는 인간은 감정을 다룰 줄 안다는 의미이며, 감정을 다룰 줄 아는 인간은 어떠한 상황에도 스스로 의 존엄을 지키며 파괴되지 않는다는 뜻이기도 합니다. 그래서 인간의 존엄이 완전히 박탈된 아우슈비츠 유대인 수용소에서도 글을 쓰는 인간들은 살아남았다고 강조합니다. 자신의 참담한 마음을 조절할 수 있는 인간이 두려울 게 뭐가 있을까요. 인간이 가진 최고의 권능이 언어를 사용할 줄 아는 능력이고 그것을 다룰 줄 아는 사람은 자신의 삶도 주체적으로 영위할 수 있습니다.

독서 또한 언어로 하는 행위입니다. '읽는 다는 것'은 몸과 마음을 세상과 연결시키는 일입니다. 독서는 내가 아프지 않기 위해 미리 예방주사를 맞는 것이며, 타인도 건강하기를 바라는 마음으로 권하고 나누는 것이 〈독서동아리〉 활동입니다. 우리는 '함께' 읽고 생각과 느낌을 나누고 건강한 대안을 모색하는 경험을 통해 주체적 존재로 바로 설 수 있게 됩니다. 또한 나와는 다른 독립된 개별자로

서의 타자를 이해하는 마음이 생겨나게 됩니다. 이 모든 것은 '누군가'가 곁에 있을 때 가능합니다. 나 혼자만 살아가는 세상이라면 책을 읽는 일도 무의미하며, 인간에 대한 이해도 불필요합니다. 내가 잘 살기 위해서는 타인도 잘 살아야 하는 것입니다.

　'독서동아리'의 중요성이 여기에 있습니다. 갈수록 사나워지는 세상에서 우리가 지켜야 할 것은 '자신'과 '타인'의 존엄이 아닐까 생각합니다. 이를 위해 책이라는 매개를 통해 다른 사람과 섞이면서 생각과 느낌을 나누고, 의견을 조율하고, 자신의 세계를 정립해 나가는 일은 좀 더 나은 사회를 만드는 초석이 됩니다. 바로 '독서동아리'에서 함께 읽고 생각하고, 표현하다 보면 더 나은 삶이 펼쳐질 것이라고 기대합니다.

조현행

이 책에 소개된 도서목록

『자기계발의 덫』 미키 맥기, 김상화 역, 모요사

『변신』 카프카, 문학동네

『수상록』 몽테뉴, 동세문화사

『읽지 않는 책에 대해 말하는 법』 피에르 바야르, 김병욱 역, 여름언덕

『책에 대해 던지는 7가지 질문』 정수복, 로도스

『투명인간』 성석제, 창비

『그리스인 조르바』 니코스 카잔스키, 열린책들

『인생 따위 엿이나 먹어라』 마루야마 겐지, 김난주 역, 바다출판사

『두근두근 내 인생』 김애란, 창비

『이방인』 알베르 카뮈, 민음사

『책은 도끼다』 박웅현, 북하우스

『나는 이런 책을 읽어왔다』 다치바나 다카시, 이언숙 역, 청어람미디어

『생각의 오류』 토머스 기다, 박윤정 역, 열음사

『역사란 무엇인가』 E.H 카, 까치

『나쁜 사마리아인들』 장하준, 이순희 역, 부키

『모멸감』 김찬호, 문학과지성사

『생각의 시대』 김용규, 살림

『왜 고전을 읽는가』 이탈로 칼비노, 이소연 역, 민음사

『단』 이지훈, 문학동네

『레미제라블1~5권』 빅토르위고, 민음사

『독서천재가 된 홍대리』 이지성, 정회일, 다산북스

『세상물정의 사회학』 노명우, 사계절

『프레임』 최인철, 21세기북스.

『꽃들에게 희망을』 트리나 폴리스, 시공주니어

『개를 훔치는 완벽한 방법』 바바라 오코너, 신선해 역, 다산북스

『이반 일리치의 죽음』 톨스토이, 창비

『다윗과 골리앗』 말콤 글래드윌, 선대인 역, 21세기북스

『유정아의 서울대 말하기 강의』 유정아, 문학동네

『소금』 박범신, 한겨레출판

『생각한다는 것』 고병권, 너머학교

『종이책 읽기를 권함』 김무곤, 더숲

『낭송의 달인, 호모 큐라스』 고미숙, 북드라망

『독서력』 사이토 다카시, 웅진지식하우스

『일리아드 오뒷세이아』 호메로스, 천병희 역, 숲

『짜라투스트라는 이렇게 말했다』 니체, 책세상

『논어』 공자, 김형찬 역, 홍익출판사

『시골의사 박경철의 자기혁명』 박경철, 리더스북

『태백산맥』 조정래, 해냄

『위대한 개츠비』 F.스콧 피츠제럴드, 김영하 역, 문학동네

『담론』 신영복, 돌베개.

『남신의주 유동 박시봉방』 백석, 휴먼앤북스

『노인과 바다』 어니스트 헤밍웨이, 이인규 역, 문학동네

『정희진처럼 읽기』 정희진, 교양인

『장정일의 독서일기』 (전7권) 장정일, 범우사/랜덤하우스코리아

『만보객 책 속을 거닐다』 장석주, 예담

『청춘의 독서』 유시민, 웅진지식하우스

『취서만필』 장석주, 평단문화사

『탐서주의자의 책』 표정훈, 마음산책

『정여울의 소설 읽는 시간』 정여울, 자음과모음

『마음서재』 정여울, 천년의상상

『결정적인 책들』 왕상한, 마음나무

『느낌의 공동체』 신형철, 문학동네

『정확한 사랑의 실험』 신형철, 문학동네

『아주 사적인 독서』 이현우, 웅진지식하우스

『로쟈의 인문학 서재』 이현우, 산책자

『글쓰기는 스타일이다』 장석주, 중앙books

『안정효의 글쓰기 만보』 안정효, 모멘토

도서출판 이비컴의 실용서 브랜드 〈이비락〉은 더불어 사는 삶의 긍정적인 변화를
가져다 줄 유익한 책을 만들기 위해 끊임없이 노력합니다.
원고 및 기획안 문의 : bookbee@naver.com